# REISEBÜCHER
von
ANNO DAZUMAL

# Königsberg

**– Reprint von 1910 –**



RAUTENBERG

**CIP-Titelaufnahme der Deutschen Bibliothek**

**Königsberg.** – Nachdr. [d. Ausg.] von 1910. –
Leer: Rautenberg, 1988
(Reiseführer von Anno dazumal; Bd. 2)
ISBN- 3-7921-0384-2
NE:GT


Gesamtherstellung: Druckerei G. Rautenberg, 2950 Leer

Printed in West Germany
ISBN 3-7921-0384-2

# Wegweiser
durch
# Königsberg i. Pr.
und Umgebung.

Unter Verwertung der von Behörden, Vereinen und Sachverständigen mitgeteilten Angaben besorgt von

W. Sahm.

Herausgegeben vom
Verein zur Hebung des Fremdenverkehrs in Ostpreussen.

**Zweite verbesserte Auflage.**

Königsberg i. Pr.
1910.

Abb. 1. Königsberg von der Domspitze gesehen.

## I. Vorbemerkung.

In dem vorliegenden, nach unseren Vorschlägen und Plänen bearbeiteten Führer wollen wir allen Besuchern und Bewohnern unserer mehr als auf 650 Jahre zurückblickenden Stadt die Anregung bieten, je nach Beruf und Bedürfnis einige Zeit der Umschau zu widmen. Es sind über 100 Jahre her, als Immanuel Kant die Worte über Königsberg schrieb: „Eine grosse Stadt, der Mittelpunkt eines Reiches, in welchem sich die Landeskollegia der Regierung desselben befinden, die eine Universität und dabei noch die Lage zum Seehandel hat, welche durch Flüsse aus dem Innern des Landes sowohl, als auch mit angrenzenden entlegenen Ländern von verschiedenen Sprachen und Sitten einen Verkehr begünstigt, eine solche Stadt, wie etwa Königsberg am Pregelfluss, kann schon für einen schicklichen Platz zur Erweiterung sowohl der Menschenkenntnis als auch der Weltkenntnis genommen werden, wo diese auch ohne zu reisen erworben werden kann."

Seit jener Zeit hat sich Königsberg in guten und bösen Tagen bewährt, hat sich räumlich und vor allen Dingen auch in geselliger, künstlerischer und geistiger Beziehung erstaunlich selbst für den Eingeweihten entwickelt. So darf es immerhin auch an den verwöhnten und anspruchsvollen Reisenden ohne

Bedenken eine Einladung zu liebevollem Studium richten. Die Mitglieder unseres Vereins, wie alle Freunde Ostpreussens, mahnen wir aber um so mehr, die hier gebotenen Winke zur Besichtigung zu befolgen, da häufig gerade die Einheimischen am wenigsten ihren Gästen in diesen Fragen Auskunft geben können. Auch gilt noch heute das Wort eines Römers: „Man macht Reisen, unternimmt Seefahrten, um Dinge in anderen Ländern kennen zu lernen, die man daheim unbeachtet lässt."

## Der Vorstand:

Stadtrat a. D., Stadtverordneten-Vorsteher **Theodor Krohne,** Königsberg, Ehrenvorsitzender. Stadtschulrat Prof. Dr. **Stettiner,** Königsberg, Ehrenvorsitzender.

**Altenberg,** Oberbürgermeister, Memel. **v. Batocki,** Landrat, Bledau. **Belian,** Oberbürgermeister, Allenstein, Ehrenmitglied. **Berg, Dr.,** Stadtrat, Königsberg, stellvertretender Vorsitzender. **Claass, H.,** Geh. Kommissionsrat, Königsberg. **Cranz,** Geh. Regierungsrat, Landrat, Memel. **Elwenspoek,** Bürgermeister, Osterode. **Gerlach, Dr. O.,** Universitätsprofessor, Königsberg. **Gottheil, L. E.,** Hofphotograph, Königsberg. **Hennig, R.,** Justizrat, Königsberg. **Hoffmann, Dr.,** Universitätsprofessor, Königsberg. **Kirchhoff, Dr.,** Oberbürgermeister, Insterburg. **Körte, S.,** Oberbürgermeister, Königsberg. **Kühn, K.,** Kaufmann, Königsberg. **Küsel,** Landesrat, Königsberg, Vorsitzender. **Laue, E.,** Bankier, Königsberg, Schatzmeister. **Lucht,** Regierungsbaumeister, Direktor der Ostdeutschen Eisenbahngesellschaft, Königsberg. **Meyer, Dr. Franz,** Universitätsprofessor, Königsberg. **Petersen,** Landrat, Fischhausen. **Pieper,** Bürgermeister, Rastenburg. **Pohl,** Oberbürgermeister, Tilsit. **Schumacher, Dr.,** Oberlehrer, Königsberg, erster Schriftführer. **Schwonder, O.,** Apotheker, Königsberg, zweiter Schriftführer.

Wünsche, Beschwerden und Berichtigungen werden an die Adresse des Vorstandes, Münzstrasse 11, erbeten.

# Inhaltsverzeichnis.

Abb. 2. Pregelansicht und Börse.

## II. Geschichtliches.

„Naer Oostland willen wy ryden,
Naer Oostland willen wy meê.
Al oever die groenen heiden
Frisch oever die heiden.
Daer isser en beter steê.“

### Unter der Ordensherrschaft.

Altpreussen, der am weitesten nach Osten vorgeschobene Grenzposten germanischer Kultur, ist eine urdeutsche Schöpfung. Das Kreuzschwert der Ritter des deutschen Ordens hat es in hartem Kampfe erstritten, der Pflug der deutschen Kolonisten brachte es in Kultur, und deutsche Einwanderer haben ihm germanische Art und Gesittung verliehen.

Es war im Jahre 1230, als ein Ordenskommando von zehn Rittern und wenigen Knechten unter Anführung des Landmeisters Hermann Balk an der unteren Weichsel erschien und sich in der Gegend des heutigen Thorn festsetzte. Der Ordensmeister Hermann v. Salza hatte es abgesandt, um dem durch die kriegslustigen Pruzzen ständig bedrängten slawischen Herzoge Konrad von Masovien auf seine Bitte im Kampfe gegen die unruhigen Nachbarn beizustehen. Unterstützt durch Kreuzfahrer aller Nationen der Christenheit und vom Kriegsglück begünstigt, drangen die Eroberer unter steten Kämpfen, dem Laufe der Weichsel folgend, bis zum Frischen Haff vor. Bald waren die landeinwärts gelegenen Gaue dem Schwerte des Ordens erlegen. Nur das von Haff und See umwogte, wegen seiner Bernsteinschätze höchst begehrte und stark befestigte Samland wies alle Angriffe erfolgreich zurück. Erst nachdem es gelungen, den König Ottokar von Böhmen zur Annahme des Kreuzes zu bewegen, und nachdem dessen Heer durch Scharen aus Sachsen, Thüringen und Meissen verstärkt war, gelang es den vereinigten Anstrengungen, den trotzigen Mut der Samen zu brechen.

Es musste für die weiteren Unternehmungen des Ordens gegen das östliche Preussen von Bedeutung sein, am Ausfluss des Pregels eine Zwingburg anzulegen, welche die soeben zu Boden geworfenen Samländer im Zaume hielt und ihre Verbindung mit dem südlicher gelegenen Natangen hinderte. Dafür bot sich sieben Kilometer vor der Mündung des Pregels, da, wo das samländische Plateau dicht an das nördliche Ufer des Stromes herantritt, eine günstige Gelegenheit. Im Osten und Westen durch tiefe Schluchten, im Norden durch gefährliche Sümpfe, im Süden durch die Fluten des Pregels geschützt, entsprach der waldige Bergrücken allen Forderungen der Strategie jener Tage in glücklichster Weise. Dort, auf den Trümmern einer erstürmten Preussenfeste, wurde im Jahre 1255 eine Ordensburg angelegt und, vielleicht im Hinblick auf die hilfreiche Unterstützung Ottokars, laut anderer Vermutung nach einem gleichnamigen Waffenplatz des Ordens im Orient, Königsberg genannt. Heute trägt jene Stätte die Kürassier-Schlosskaserne, vor der sich das Denkmal Friedrich I. erhebt.

Schon im Jahre 1257 erstand östlich dieser provisorischen Verschanzung auf der Abendseite des oben näher bezeichneten Plateauabschnittes ein festes Haus in Ziegel und Stein, dessen Westflügel vermutlich die Stelle der heutigen Schlosskirche einnahm und das im Laufe der Jahrhunderte mannigfaltige bauliche Veränderungen erfuhr.[1])

Im Schutze der Burg war bereits 1256, vermutlich aus dem Lager der bei der Eroberung des Samlandes und beim

1) Weitere Nachrichten darüber siehe unter Sehenswürdigkeiten. (S. 71 u. 83.)

Abb. 3. Schloss mit Kaiser Wilhelm-Platz.

ersten Burgenbau behilflich gewesenen Kreuzfahrer eine Siedelung, die älteste Anlage zur Stadt Königsberg entstanden. Sie lag in der Gegend des heutigen Steindamms. Ihre Kirche war dem heiligen Nikolaus geweiht und nahm vermutlich die Stelle der heutigen Steindammer Kirche ein.

Diese junge städtische Siedelung ging bei einem Aufstand der Preussen in der ersten Hälfte des Jahres 1263 in Flammen auf. Sie ward, nachdem der Orden des Aufstandes Herr geworden, nicht mehr auf der alten, dem Angriffe der Samländer zu stark ausgesetzten Stelle errichtet, sondern auf dem Wiesenplane zwischen der schützenden Burg und dem Pregel von neuem gegründet. So entstand die heutige Altstadt.

Der Strom deutscher Einwanderer ward bald so stark, dass ihn die Altstadt nicht mehr zu fassen vermochte. Am 27. Mai 1300 verlieh daher der Königsberger Komtur Berthold Brühaven einer neuen Gemeinde, die sich am Fusse des Mühlenberges ansiedelte, das Stadtrecht. So ward die Stadt Löbenicht. Die dritte und jüngste der drei Städte Königsberg, der Kneiphof, ward auf dem Vogtswerder, einer Pregelinsel, gegründet, woselbst der Vogt von Samland residierte. Ihr Privilegium stammt aus dem Jahre 1327.

Kurz nach der im Jahre 1309 erfolgten Verlegung des Hochmeistersitzes von Venedig nach Marienburg war die Burg Königsberg der Sitz des Ordensmarschalls geworden. Sie bildete die wichtigste Operationsbasis der Ordensstreiter im Kampfe gegen die noch nicht unterworfenen östlichsten Preussengaue und gegen das weiter östlich gelegene heidnische Litauen. Hier wurde nach vollbrachten Taten Rast gehalten und in üppigen Festen Erholung gesucht von des Kampfes Mühen. Hier deckte der Hochmeister seinen Ehrentisch, der die kampfesfreudige Jugend aller Herren Länder anlockte. So schwangen sich denn auch die Städte Königsberg zu Anfang des 14. Jahrhunderts zu erfreulicher Blüte empor. Die Altstadt war bereits 1340 ein geachtetes Glied der Hansa.

Nach dem Verluste Marienburgs (1457) ward die alte Ordensfeste Königsberg ständiger Sitz der Hochmeister und erhob sich rasch zu der herrschenden Stellung einer Landeshauptstadt, wozu das dankenswerte Streben der Landesherrschaft um die Förderung der materiellen und geistigen Interessen nicht unwesentlich beitrug. Bald nahte der grosse Augenblick, der das Schicksal des alternden Ordensstaates von Grund aus veränderte.

## Die herzogliche Zeit.

Im Jahre 1512 war der letzte Hochmeister, der junge Markgraf Albrecht von Brandenburg, in das Königsberger Ordensschloss eingezogen, dessen Regierung für Preussen so bedeutsam werden sollte. Bereits 1523 wurde in Königsberg sowie im ganzen Lande, begünstigt durch den samländischen Bischof Georg von Polenz, die Reformation eingeführt, welcher auch der Herzog beitrat, und am 10. April 1525 legte Albrecht das Ordenskleid ab und verwandelte den nicht mehr lebensfähigen Ordensstaat in ein weltliches Herzogtum.

Eine wissenschaftliche Zierde des jungen Herzogtums ward die 1544 mit 11 Professoren und 200 Studenten unter Georg Sabinus, einem Schwiegersohn Melanchthons, eröffnete alma mater Albertina, die sich aus einem wenige Jahre vorher gestifteten Partikular entwickelte. Bis 1862 befand sie sich in dem alten Gebäude östlich vom Dom, dessen eine Aussenwand noch heute das Steinbild des Gründers mit geschultertem Schwerte zeigt.

Mit dieser Hebung des geistigen Lebens ging die des materiellen Wohlstandes Hand in Hand, und selbst die furchtbaren Pestepidemien, unter denen namentlich diejenigen der Jahre 1529 und 1549 sowie die späteren von 1602, 1620 und 1709 zu nennen sind, vermochten den fröhlichen Bürgersinn nicht zu ertöten.

## Unter dem brandenburgisch-preussischen Regiment.

Im Jahre 1618 erfolgte die völlige Vereinigung Preussens mit dem Kurhause Brandenburg. Damit hörte Königsberg auf, ständige Residenz des Landesherrn zu sein.

Der Vertrag von Oliva (1660) löste das alte Ordensland gänzlich von Polen los. Das straffe Regiment des grossen Kurfürsten räumte unter den während der polnischen Vasallenherrschaft entstandenen Sonderrechten gründlich auf. In Königsberg legte sich der Sturm der Aufregung über den gewaltsamen Eingriff in altgewohnte Rechte erst mit der Verhaftung des Führers der Opposition (Schöppenmeister Hieronymus Rohde), und die Anlage des den städtischen Handel beherrschenden Forts Friedrichsburg schreckte von weiteren Versuchen ab, sich gegen das im Interesse des ganzen Staates Unvermeid-

Abb. **4**. Herzog Albrecht-Denkmal.

liche aufzulehnen. In jener Zeit, um die Mitte des 17. Jahrhunderts, übte hier Simon Dach und sein Freundeskreis (musikalische Kürbislaube) die Dichtkunst in würdigster Weise. Sein tief empfundenes „Lied von der Freundschaft", noch mehr aber sein volkstümlich gewordenes „Ännchen von Tharau" klingen noch heute wieder.

Das anbrechende 18. Jahrhundert brachte den Städten Königsberg eine glänzende Auszeichnung. Am 18. Januar 1701 setzte sich Friedrich I. in der hiesigen Schlosskirche unter beispiellosem Gepränge die Königskrone aufs Haupt. Der Krönung war am Vorabend die Stiftung des Schwarzen Adlerordens, des höchsten Ordens Preussens, vorausgegangen. Königsberg wurde durch das Krönungsfest der Schauplatz eines überaus bewegten Lebens und lenkte die Aufmerksamkeit ganz Europas auf sich.

Im Jahre 1724 erfolgte die Vereinigung der drei Städte Königsberg zu einer Stadtgemeinde.

Damals ward hier Königsbergs grösster Sohn, der Philosoph Immanuel Kant geboren,[1]) nach dessen Hauptwerk man wohl auch Königsberg die „Stadt der reinen Vernunft" genannt hat. Die klassische Periode unserer Literatur liess Königsberg nicht unberührt. Herder wirkte hier von 1762—64 als Lehrer am Fridericianum. Wunderbare Gegensätze trafen hier zusammen; neben dem Herrscher im Reiche der Vernunft, Kant, standen der dunkle Magus und Mystiker des Nordens, Hamann, Theodor v. Hippel, zugleich Kantianer und Pietist. Der berauschende Romantiker E. T. A. Hoffmann und der problematische Charakter, der Dichter des besten Lutherdramas, Zacharias Werner, sind hier geboren und haben ihre Studien hier gemacht. Auch die seltsame Verirrung des Muckertums (1834—39) gehört hierher, wie auf der andern Seite durch Julius Rupp hier im Jahre 1846 die freie religiöse Gemeinde gestiftet wurde.

Der Siebenjährige Krieg hatte Ostpreussen in die Gewalt der Russen gebracht. Im Januar 1758 waren sie in Königsberg eingezogen, um die Stadt erst im Jahre 1762 wiederum zu räumen. Dennoch wurde die friedliche Entwicklung der Stadt nicht erheblich gestört, da die Eroberer das besetzte Gebiet bereits als Eigentum ansahen.

Schwerer ward Königsberg in den Zeiten der napoleonischen Kriege getroffen. Der unglückliche Tag von Friedland (14. Juni 1807) eröffnete dem Eroberer den Weg

1) In der Bahnhofstrasse, früher Sattlergasse.

zu Altpreussens Hauptstadt. Nach nutzlosem Widerstande und kurzer Beschiessung hielten die Franzosen am 16. Juni unter Soult ihren Einzug in Königsberg, worauf eine entsetzliche Brandschatzung erfolgte. Schlimmer noch als die erschöpfenden Requisitionen war die Auferlegung einer Kontribution von 20 Millionen Frank, die später freilich auf 12 Millionen herabgemindert wurde. Erst im Jahre 1900 erfolgte die Tilgung des Restes dieser Kriegsschuld, nachdem sie nahezu ein Jahrhundert die Stadt belastet hatte.

In jene denkwürdige Zeit des Aufenthaltes der Königlichen Familie in Königsberg (vom Januar 1808 bis Dezember 1809) fällt auch der Aufbau der neuen Organisation der preussischen Staatsverwaltung, die hier schon in ihren Grundzügen entworfen ward (hier wurde am 24. Nov. 1808 die Städteordnung erlassen) und grösstenteils auch bereits zur Ausführung gelangte.

Der Durchzug des französischen Heeres im Sommer 1812 vernichtete den Wohlstand der Stadt fast noch gründlicher als die Leidenstage von 1807. Wiederum, wie damals, rastete Napoleon kurze Zeit im Königsberger Schlosse, wiederum hatte die Stadt enorme Lieferungen aufzubringen. Noch im August beherbergte Königsberg eine regelmässige Einquartierung von 12 000 nach Russland ziehender Franzosen, die alle, vom Marschall bis zum Gemeinen, an die Leistungsfähigkeit der verarmten Bürger unerhörte Anforderungen stellten.

Bald nahte für Königsberg eine grosse Zeit. Der erschütternde Untergang der „grossen Armee“ in den Eisfeldern Russlands hiess York in der Poscherunschen Windmühle bei Tauroggen den ersten Schritt zur Befreiung des Vaterlandes tun. Unvergesslich wird in der Geschichte Preussens bleiben, was sich im Februar 1813 in Königsberg zutrug: wie der ostpreussische Landtag sich begeistert um Yorks Heldengestalt scharte[1]) und die Grundzüge der Landwehrordnung entwarf, wie die stille Saat des grossen Königsberger Philosophen in Männern wie Alexander und Ludwig v. Dohna, v. Schön, v. Auerswald, Bürgermeister Heidemann u. a. ihre Früchte zeitigte und wie hier oben im Norden der gewaltige Sturm losbrach, welcher den so stolz aufgetürmten Bau der napoleonischen Tyrannei hinwegfegte.

Die Geschichte Deutschlands während der nächsten

1) Landhofmeisterstrasse 16—18. Das Haus trägt zur Erinnerung an den 5. Februar 1813 ein eisernes Kreuz mit den Worten: „Februar 1813“.

Jahrzehnte wird durch die Verfassungsfrage beherrscht. Königsberg war eine Zeitlang in den Vordergrund der ganzen Bewegung gedrängt und trat erst später die Führerschaft an Berlin ab. Hier in Königsberg erschien Theodor v. Schöns „Woher und Wohin?“ sowie Johann Jacobys „Vier Fragen“, beides politisch bedeutende Schriften, die den fortschrittlichen Geist Königsbergs bekundeten.

Am 18. Oktober 1861 setzte sich Wilhelm I. in der hiesigen Schlosskirche die Königskrone aufs Haupt.

Königsberg hat, abgesehen von den Kriegsleiden, wiederholt unter Feuersbrünsten, wie den im Jahre 1764 und 1811, schwer gelitten. Sie sind die Ursache, dass die Stadt weniger an alten Bauwerken aufweist, als man seinem Alter nach vermuten dürfte. Von der alten Stadtbefestigung sind nur noch wenige Reste, wie der „gelbe Turm“ am Gesekusplatz, das Dombrückentor in der Badergasse und der seiner Spitze beraubte „blaue Turm“ an der Honigbrücke erhalten. Namentlich die letzten Jahrzehnte haben das Stadtbild gründlich umgeändert. Fast überall sind die alten Patrizierhäuser mit ihren die Strassen beengenden Beischlägen, den charakteristischen Giebeln und Erkern verschwunden, und moderne Bauten sind an ihre Stelle getreten. Auch in sanitärer und kommerzieller Hinsicht (Wasserleitung, Kanalisation, Schlacht- und Viehhof, Ausbau des elektrischen Strassenbahnnetzes, Neubau der Gasanstalt, Erweiterung des Hafens, Bau des Seekanals) entspricht Königsberg den Anforderungen einer modernen Grossstadt mit insgesamt 4441 ha Bodenfläche und 244 078 Einwohnern. Längst ist ihr der einst zu weit ausgreifende Festungswall zu enge geworden. Ausserhalb desselben sind mehrere Villenkolonien und neue Stadtteile entstanden, unter denen namentlich die von Amalienau und Ratshof im Nordwesten der Stadt sowie die von Maraunenhof im Nordosten am Oberteich hervorzuheben sind, die mit den zahlreichen, im Jahre 1905 eingemeindeten Vororten (im ganzen 2407 ha Land mit 20 000 Einwohnern) zusammen Gross-Königsberg bilden. Schon ist der Augenblick gekommen, wo die lästigen und nutzlosen Schranken endlich fallen werden und das so kräftig aufblühende Gemeindewesen mehr Licht und Luft erhalten soll.

## III. Statistisches über die Bevölkerung und das Klima.[1])

Königsberg liegt 54° 42′ 50″ nördl. Breite und 20° 29′ 47″ östl. Länge von Greenwich. Königsberg hat gegenwärtig (am 1. Mai 1910) 244 078 Einwohner. Bei der letzten Volkszählung (1. Dez. 05) hatte es im ganzen 223 770 Einwohner (darunter 9546 aktives Militär), davon: 95 076 männliche und 110 760 weibliche Evangelische; 5407 männliche und 4913 weibliche Katholiken; 45 männliche und 25 weibliche Mennoniten; 627 männliche und 958 weibliche Baptisten; 382 männliche und 545 weibliche apostolische Irvingianer; 276 männliche und 325 weibliche Freireligiöse, Dissidenten und sonstige; 2148 männliche und 2267 weibliche Juden. — Etwa 500 Einwohner sprechen polnisch, masurisch und litauisch. Der zehnjährige Durchschnitt der Zunahme der Bevölkerung stellt sich pro Mille auf 14,4. Im Jahre 1909 betrug die Zunahme 23,7 pro Mille. Im Jahre 1750 hatte Königsberg ca. 50 000, im Jahre 1840 69 502 Einwohner. — Königsberger Garnison: Grenadierregiment Kronprinz (1. Ostpr.) Nr. 1; Grenadierregiment König Friedrich Wilhelm I. (2. Ostpr.) Nr. 3; Infanterieregiment Herzog Karl von Mecklenburg-Strelitz (6. Ostpr.) Nr. 43; Kürassierregiment Graf Wrangel (Ostpr.) Nr. 3; 1. Ostpr. Feldartillerieregiment Nr. 16; 2. Ostpr. Feldartillerieregiment Nr. 52; Fussartillerieregiment v. Linger (Ostpr.) Nr. 1; Pionierbataillon Fürst Radziwill (Ostpr.) Nr. 1; Samländisches Pionierbataillon Nr. 18; Ostpr. Trainbataillon Nr. 1.[2])

Das Königsberger Klima ist vorzugsweise kontinental, hat aber wegen der Nähe von See und Haff nicht unwesentlichen Anteil am maritimen Klima im Zusammenhang mit einem nur ganz schmalen Küstenstrich.

Monatsmittel der Temperatur aus den Beobachtungsjahren 1848—1906.

| Jan. | Febr. | März | April | Mai | Juni | Juli | Aug. | Sept. | Okt. | Nov. | Dez. |
|---|---|---|---|---|---|---|---|---|---|---|---|
| —3,3 | —2,4 | 0,2 | 5,7 | 11,0 | 15,3 | 17,2 | 16,7 | 13,0 | 7,7 | 2,2 | —1,7 |

Das Jahresmittel ergibt sich danach zu 6,8° C.

Wärmster Tag nach Tagestemperaturmitteln ist der 25. Juli mit 18,5° C.
Kältester „ „ „ „ „ 3. Jan. „ —4,5° C.

---

1) Näheres s. Kienast, Beiträge zur Klimatologie der Provinz Ostpreussen in den ostdeutschen Monatsheften für Erziehung und Unterricht, Band I, Breslau 1903. F. Hirt. Die Berechnungen über die Bewohner beruhen auf den Beobachtungen vom Jahre 1898—1906.

2) Ueber Militärbehörden vgl. Wohnungsliste der Offiziere und Militärbeamten der Garnison Königsberg i. Pr., zusammengestellt von der Königl. Kommandantur, April 1910.

Abb. 5. Börse mit der neuen grünen Brücke.

Absolute Höchst- und Niedrigsttemperatur in den einzelnen Monaten:

| | Jan. | Febr. | März | April | Mai | Juni | Juli | Aug. | Sept. | Okt. | Nov. | Dez. |
|---|---|---|---|---|---|---|---|---|---|---|---|---|
| Höchsttemp.: | 9,6 | 12,5 | 21,1 | 27,5 | 32,8 | 35,8 | 35,7 | 36,0 | 29,8 | 25,1 | 15,2 | 11.1 |
| Niedrigsttp.: | —35,0 | —29,0 | —25,5 | —10,0 | —3,7 | 1,2 | 4,4 | 4,6 | —1,5 | —9,2 | —18,4 | —27,4 |

Mittl. Zahl d. Frostt. i. Jahre (Temp. Minimum unt. $0^0$): 111
„ „ „ Eistage „ „ (A. Temp. Maximum unt $0^0$): 48
„ „ „ Sommert. „ (Temp. $+ 25^0$ C. und mehr): 25
Letzter Frost im Jahre im Mittel 29. April.
Erster „ „ „ „ „ 22. Oktober.

## IV. Königsbergs Handel und Industrie.

Königsberg zählt nebst Hamburg, Bremen, Stettin und Danzig zu den ersten Handelsplätzen Deutschlands. Sein Vorhafen ist das befestigte Pillau, ca. 40 km entfernt. Der Innenhafen wird durch den Pregel gebildet, dessen verschiedene Arme innerhalb der Eingemeindungsgrenze eine Gesamtlänge von 13,5 km haben. Die Gesamtlänge der öffentlichen Kais beträgt rund 2330 m. Der Ausbau des Innenhafens wurde im Jahre 1902 begonnen und 1906 in den Grenzen der in Aussicht genommenen Bauausführungen beendet. Die Kosten betrugen rund 1 900 000 Mk. Technisch beachtenswert sind die durchweg neuen Pregelbrücken mit hydraulischen Aufzügen, die den grössten Seeschiffen die Durchfahrt ermöglichen. Seit Erbauung des 6½ m tiefen Seekanals, der von der Mündung des Pregels durch das Frische Haff bis Pillau geht, können auch die grossen Seedampfer, ohne dort zu leichtern, direkt bis Königsberg gelangen. Im Winter halten zwei Eisbrecher die Fahrrinne offen. Im Jahre 1909 betrug die Zahl der ein- und auslaufenden Schiffe im Seeverkehr 4442. Flusswärts gingen 23 782 Fahrzeuge ein und aus. Im Jahre 1909 hat die Einfuhr betragen: seewärts 1 013 706 t zu 1000 kg, bahnwärts 1 159 183 t, flusswärts 792 850 t, insgesamt 2 965 739 t. Die Hauptartikel der seewärtigen Einfuhr sind Steinkohlen, Heringe, künstliche Düngemittel, Zement, Eisen, Stahl, Eisen- und Stahlwaren, Maschinen, Metalle und Metallwaren. Die Hauptartikel der bahnwärtigen Einfuhr sind Getreide, Kleie, Mühlenfabrikate, Ölkuchen, Flachs, Hanf, Holz. Die Hauptartikel der flusswärtigen Einfuhr sind Holz (574 882 t, davon 191 185 t geflösst) und Mauersteine.

Die Ausfuhr betrug: seewärts 847 608 t, bahnwärts 567 035 t, flusswärts 110 956 t, insgesamt 1 525 599 t. Die

Abb. 6. Lastadie mit Speichern.

Hauptmengen der seewärtigen Ausfuhr entfallen auf Getreide, Mühlenfabrikate, Holz, Ölkuchen und Zellstoff. Die Hauptmengen des bahnwärtigen Versandes entfallen auf Heringe, Flachs, Hanf, Hede, Bier, Eisen- und Stahlwaren. Den Hauptbestand der flusswärtigen Ausfuhr bilden Stückgüter. Behufs Verbesserung der Lösch- und Ladeeinrichtungen ist von der Stadt eine Werfthalle mit einem Kostenaufwande von rund 650 000 Mk. erbaut worden, ein zweigeschossiger, massiver Schuppen für den Speditionsverkehr mit rund 8000 qm Lagerböden (Aufzügen, Winden u. dergl.). Vor demselben sind 6 elektrische Hafenkrane von 1,8—6 Tons Tragfähigkeit aufgestellt. Eine Pregeluferbahn wird von der Königlichen Eisenbahnverwaltung für Rechnung der Stadtgemeinde betrieben.

Das Wahrzeichen Königsbergs als Handelsplatz des Ostens bildet der bei Cosse am Pregel gelegene, der Königsberger Lagerhaus-Aktien-Gesellschaft gehörige Silospeicher, welcher die Reinigung und Verladung des Getreides zum Zweck hat. Grösstes Unternehmen seiner Art auf dem Kontinent. Er fasst 36 000 Tons. In der Stunde können durch die fünf Entladestationen je drei Waggons entnommen werden. Die stündliche Leistung der vier Verladestationen beträgt je bis zu 80 Tons. Ausser den Vorrichtungen zum Verladen und Lagern verfügt das Lagerhaus über eine recht ausgedehnte Reinigungsanlage, die es ermöglicht, das Getreide bis nahe zur Vermahlung vorzureinigen. Auch ist eine Wäscherei und Trockenvorrichtung vorhanden. Jährlich passieren das Lagerhaus 200—250 000 Tons Getreide aller Art. Durchschnittlich sind 150 Beamte und Arbeiter in der Anlage beschäftigt.

Von industriellen Betrieben sind besonders zu erwähnen:

1. **Eisengiessereien:** Union, Oberlaak, Aktiengesellschaft. Im Jahre 1909 Umsatz von 6 280 856 Mk. Aus der Fabrik wurden neben anderem 101 Lokomotiven abgeliefert. Sie beschäftigt 68 Beamte, Werkmeister und Ingenieure neben 914 Arbeitern. Insgesamt wurden 1654 t Eisenguss und 149 t Metallguss hergestellt. Steinfurtsche Waggonfabrik, Weidendamm und Ratshof. Jährliche Leistung durchschnittlich 1000 Eisenbahnwagen der verschiedensten Art. Die Jahresproduktion der Eisengiesserei beträgt 1200 bis 1500 t. Neben 50 Beamten beschäftigt die Fabrik 800 bis 1000 Arbeiter.

2. **Holzschneidemühlen:** Die Schneidemühlenindustrie ist Königsbergs Hauptindustriezweig. 12 Schneidemühlen,

die mit 37 Voll- und Walzengattern, 10 Horizontalgattern und 4 Block- und Spaltgattern arbeiten und 1690 Arbeiter beschäftigen. Die Schneidemühlen und der Holzhandel bezogen im Jahre 1909 im ganzen 905 665 Festmeter Holz, davon 181 000 Festmeter aus dem Inlande, den Rest aus Russland. Verladen wurden, in der Hauptsache seewärts, 333 239 Festmeter.

3. **Holzbearbeitungsfabriken.** Unter anderen ist die von George Bendix hervorzuheben. Der Wert des jährlich verarbeiteten Rohmaterials beträgt 450 000 Mk., die

Abb. 7. Kaiserbrücke.

daraus erzeugten Produkte, als Türen, Fenster, Treppen, Leisten etc., die zumeist im Export abgesetzt werden, repräsentieren einen Wert von 1 000 000 Mk. Die Zahl der beschäftigten Arbeiter beträgt 260.

4. **Zellstoffabriken.** Die hier befindlichen zwei Zellstoffabriken sind die Königsberger Zellstoffabrik, Aktiengesellschaft, und die Norddeutsche Zellulosefabrik. Erstere beschäftigt 850—900 Arbeiter. Der Marktwert der in dieser Fabrik hergestellten Ware beträgt jährlich rund 9 Millionen Mark.

5. **Mühlen.** Die Königsberger Walzmühle, Aktiengesellschaft (Ratshof), zählt zu den grössten automatischen Roggenmühlen Deutschlands. Sie verfügt über 27 Walzenstühle, 8 Mahlgänge, 32 doppelte Sichtmaschinen. Ferner dienen zur Vorreinigung des Roggens 48 Maschinen der verschiedensten Art und zur evtl. Trocknung des Getreides eine Trockenanlage mit amerikanischen

Abb. 8. Pregelansicht am Hundegatt.

Heissluftерzeugern. Sowohl die Einlieferung des Getreides als auch die Verladung der Fabrikate erfolgt vermittelst automatischer Transportanlagen. Die tägliche Vermahlung beträgt 2500 Doppelzentner. Das im Jahre 1909 vermahlene Jahresquantum betrug 45 222 Tons und entsprach einem Werte von ca. 10 Millionen Mk. Beschäftigt sind in der Mühle 100 Beamte und Arbeiter. Die Königsberger Walzmühle hat im Jahre 1910 ausserdem eine Erbsenschälmühle errichtet mit einer täglichen Leistung von 500 Doppelzentnern.

6. **Die Königsberger Schälmühle** von S. Winter, Bülowstrasse, stellt Fabrikate aus Erbsen, Gerste und Hafer im Werte von mehreren Millionen Mark her und versen-

det dieselben nach fast allen Ländern Europas. Durch-schnittlich sind 150 Arbeiter in ihr beschäftigt.

Abb. 9. Pregelansicht.

7. **Bernsteinindustrie.** Die Gewinnung des Rohbernsteins erfolgt in der Hauptsache durch das Bernsteinbergwerk Palmnicken. Die jährliche Ausbeute beziffert sich auf ca. 350 000 kg, wozu noch ein verschwindend kleiner, durch Strandnutzung gewonnener Teil Bernstein tritt. Der grösste Teil desselben besteht aus ganz kleinstückiger Ware, welche in Palmnicken zu dem der Lackfabrikation dienenden geschmolzenen Bernstein verarbeitet wird. In Königsberg wird der gewonnene Bernstein für den Handel in etwa 200 Sorten zerlegt und zugerichtet, ausserdem ein Teil zu sogenanntem Pressbernstein (Ambroid) verarbeitet, wobei in Königsberg 14 Beamte, 200 Aufseher und Arbeiter sowie 400 Heimarbeiter beschäftigt sind. Die Gewinnungskosten für Rohbernstein, Pressbernstein und geschmolzene Ware beliefen sich im Etatsjahre 1909 auf rund 2 950 000 Mk. Der Absatz belief sich auf 50 000 kg Rohbernstein, 23 680 kg Pressbernstein, 147 000 kg geschmolzenen Bernstein, 500 kg Bernsteinsäure und 13 560 kg Bernsteinöl im Gesamtbetrage von rund 3 490 000 Mk.

Der Bernstein, das „ostpreussische Gold“, wird zur Herstellung verschiedener Dinge benutzt. Man fertigt aus ihm Hals-, Uhr- und Lorgnetten-Ketten, Broschen, Nadeln, Manschettenknöpfe etc. Auch stellt man aus ihm Salzfässchen, Thermometer- und Uhrgehäuse, Brieföffner und ähnliche Gegenstände her, wobei durch Verwendung von mattem, sogenanntem „kumstfarbenem“ und klarem Bernstein hübsche Wirkungen erzielt werden. In letzter Zeit benutzt man ihn auch zur Garnierung von Silbersachen. Sehr viel Bernstein wird vor allem zur Herstellung von Rauchutensilien, von Zigarren- und Zigarettenspitzen verwendet.

8. **Brauereien.** Die Aktienbrauereien von Ponarth, Schönbusch und Wickbold, die Aktienbrauerei Kalthof-Devau, das Bürgerliche Brauhaus, sowie die Aktienbrauerei im Löbenicht und die Hufenbrauerei. Die Jahresproduktion der Brauerei Schönbusch betrug im Sudjahr 1908/09 152 437 hl.

9. **Tabakfabrik** von L. Grosskopf, Knochenstrasse 22. Gegründet 1861. Fabriziert Zigarren, Zigaretten, Rauch-, Kau- und Schnupftabak. Sie beschäftigt ca. 400 Personen.

## V. Städtische Betriebe.

1. **Städtische Elektrizitätswerke,** Mühlenberg 2/4 und Holsteiner Damm 6a/9a. Es betrugen am 31. März 1909:

die Herstellungskosten der Betriebseinrichtungen und des Leitungsnetzes 5 360 000 Mk.; die Streckenlänge des Leitungsnetzes 60 659 m; die Länge der verlegten Leitungen

Abb. 10. Fischbrücke.

333 275 m mit einem Kupfergewicht von 265 921 kg. Angeschlossen waren am 31. März 1909: 5250 Konsumenten

mit 64 946 Glühlampen, 1585 Bogenlampen, 873 Motoren und 169 sonstigen Apparaten; ferner 166 Glühlampen und 73 Bogenlampen für öffentliche Beleuchtung, sowie die städtische elektrische Strassenbahn mit 2005 Glühlampen, 44 Bogenlampen und 218 Motoren für Bahnwagen. Insgesamt waren am 31. März 1909 10 284 Kw. angeschlossen; die Stromabgabe für 1908/09 betrug 5 089 686 Kwst.

2. **Die Städtische Gasanstalt.** Am Holsteiner Damm, seit 1902 im Betrieb. Vorher 1852—1902 an anderer Stelle. Baukosten 8 356 378 Mark. Jahresproduktion 1909/10 19 487 940 cbm, moderne Kohlentransportanlage.

3. **Städtische elektrische Strassenbahn.** Betrieb der ersten Strecke 1895. Die vorher von einer Aktiengesellschaft in Königsberg seit 1880 betriebene Pferdebahn wurde 1891 von der Stadt gegen eine Abfindungssumme von 660 753 Mk. übernommen und für den elektrischen Betrieb umgebaut. Am 1. Juli 1909 wurde der gesamte Strassenbahnbetrieb der Stadt durch den Ankauf des Unternehmens der ehemaligen Königsberger Strassenbahn-Aktien-Gesellschaft für 1 000 000 Mk. unter städtischer Verwaltung vereinigt. Baukosten bis Ende März 1910 7 130 394 Mk. Streckenlänge 42,12 km. Gesamtgleislänge 86,16 km. Der Wagenpark enthält 137 Motorwagen, 66 Anhängewagen und 16 Spezialwagen.

4. **Schlacht- und Viehhof.** Auf der Südseite der Stadt, in Rosenau, mittels Strassenbahn erreichbar, ist mit einem Kostenaufwand von 3¼ Millionen Mk. erbaut und 1895 eröffnet. Hervorzuheben sind die Zuchtviehauktionen der ostpreussischen Holländer Herdbuchgesellschaft und die zeitweiligen Mastviehausstellungen auf dem Viehhof, ferner eine neue Fleischvernichtungsanstalt und eine Blutverwertungsanlage.

5. **Wasserversorgung.** Seit 1874 Wasserleitung. Das Wasser wird aus Teichen und Gräben gewonnen, die bereits in der Ordens- und herzoglichen Zeit für Zwecke der Fischerei, des Mühlenbetriebes und auch teils zur Wasserversorgung Königsbergs angelegt wurden. Diese Gewässer lassen sich in drei Gruppen teilen: I. Die Landgrabengruppe — Wiegand-, Pojerstieter-, Karpfen-, Pilzen-, Wargener Mühlen- und Kirchenteich, Landgraben mit Trankwitzer-, Abker- oder Philippsteich und Ratshöfer- oder Fürstenteich. II. Die Wirrgrabengruppe — Landgraben,

Stobbenteich, Dammteich, Brandteich, Wirrgraben. III. Die Wiekauer Gruppe — Wiekauer Teich, in Verbindung mit der neu angelegten Talsperre in Willgaiten, Leitungsgraben durch Wiekau, Willgaiten, Pentekinnen, Barseninken, Taukitten, Mühlfeld nach dem Warger Kirchenteich. Die Reinigung des Rohwassers von schädlichen Bestandteilen wird durch 7 Sandfilteranlagen mit 10 558 qm Filterfläche bewerkstelligt, zu deren Entlastung 4 Vorfilter mit 538 qm Filterfläche beitragen. Ausser den vorhandenen 5 Wasserhebemaschinen nebst 3 Dampfkesseln sind jetzt noch 2 neue Pumpmaschinen mit je 40 Pferdestärken und 2 neue Dampfkessel zur Aufstellung gekommen. Gesamtkosten Ende 1909 9 646 945 Mk. Gesamtlänge der Rohrleitung 1909 mit Ausnahme der Hauptleitungen 154 180 m. Der Wasserverbrauch im Wirtschaftsjahr 1909 betrug 6 786 532 cbm. Hiervon wurden für öffentliche Zwecke (Feuerlöschzwecke, Kanalspülungen, Springbrunnen, Bedürfnisanstalten etc.) 8,3 Prozent aufgewendet. Der höchste Tagesverbrauch stellte sich auf 24 903, der niedrigste auf 13 832, der mittlere auf 18 593 cbm.

6. **Die Kanalisation.** Mit dem Bau der Kanalisation der Altstadt wurde im Jahre 1894 begonnen, die Inbetriebnahme erfolgte im Jahre 1898. Sie erforderte einen Kostenaufwand von 10 750 000 Mk. Die Abwässer der Stadt gelangen teils mit natürlichem Gefälle, teils durch Pumpwerke in einen Abfangekanal, der teilweise als gemauerter Kanal, teils als offner Vorflutgraben 32 km weit mit natürlichem Gefälle in das Frische Haff geleitet ist. Mit der Kanalisierung der Vororte wurde sofort nach der Eingemeindung am 1. April 1905 begonnen und sind die bebauten Grundstücke der Vororte zum grössten Teil an die Kanalisation angeschlossen. Der grösste Teil des durch den Vorflutkanal zum Abfluss gelangenden Schmutzwassers wird auf die Rieselfelder geführt, der von diesen nicht verbrauchte Teil fliesst nach einer Klärung durch Absitzbecken ins Frische Haff. Die Rieselfelder gehören privaten Besitzern, welche mit einer Gesamtfläche von 2287 ha zur Samländischen Rieselgenossenschaft zusammengeschlossen sind.

Das Kanalnetz hat eine Länge von 252 km, wovon 105,5 km auf die Altstadt, 114,5 km auf die Vororte und 32 km auf den Vorflutkanal entfallen. Angeschlossen sind 6500 Grundstücke mit 16 500 Anschlussleitungen.

7. **Städtische Werfthalle und Innenhafen.** S. S. 24.

8. **Städtische Parks und Plätze.** S. Park- und Gartenanlagen S. 110.

9. **Feuerlöschwesen.** Berufsfeuerwehr 1858 gegründet. Es sind vorhanden: fünf bespannte Wachen, im Kneiphöfschen Stadthof, Wache Ost, Wache Altstadt, Wache Nord, Wache Ponarth; zwei unbespannte Wachen: Nasser Garten, Kaibahnhof und eine Dampferwache am Kaibahnhof. Diese umfassen drei Landdampfspritzen, eine Schiffsdampfspritze, fünf Mannschaftswagen, vier mechanische Leitern (eine von 18, eine von 21, eine von 24 m Höhe, eine von 25 m Höhe, drei Gerätewagen, acht Schlauchkarren, sieben Rauchhelme, fünf Sprungtücher, ca. 9000 m Schlauch. Ausserdem noch eine Landdampfspritze auf der Wache Kaibahnhof als Eigentum der hiesigen Kaufmannschaft, die jedoch von den Angestellten der städtischen Feuerwehr bedient wird. An Personal sind vorhanden: ein Branddirektor, ein Brandinspektor, zwei Brandmeister, ein Feld- und ein Vizefeldwebel, 22 Oberfeuer- und 117 Feuerwehrmänner.

# VI. Praktischer Ratgeber.

## A. Verkehrswesen.

### 1. Fahrzeiten nach entfernteren Orten.

Königsberg—Berlin, D-Zug, 10 Stunden. Königsberg—Breslau, D-Zug, 10 Stunden. Königsberg—Posen, D-Zug, 7½ Stunden. Königsberg—Köln, D-Zug, 19 Stunden. Königsberg—Köln, Express-Zug, 18½ Stunden. Königsberg—Paris, D-Zug, 28 Stunden. Königsberg—Paris, Express-Zug, 26½ Stunden. Königsberg— St. Petersburg, D-Zug, 24 Stunden. Königsberg—St. Petersburg, Express-Zug, 21 Stunden. Königsberg—Warschau über Marienburg, D-Zug, 12 Stunden. Königsberg—Moskau, D-Zug, 37 Stunden. Königsberg—Hamburg, D-Zug, 14½ Stunden. Königsberg—Frankfurt a. M., D-Zug, 18 Stunden. Königsberg—Basel, D-Zug, 23 Stunden. Königsberg—München, D-Zug, 20 Stunden.

### 2. Auskunftsstellen.

**Bahnhofsplatz 2.** Auskunftstelle für den Personenverkehr, Ausgabe für zusammenstellbare Fahrscheinhefte, Schlafplatzbestellungen, Zahlstelle für Fahrgelderstattung.

An Werktagen von 8 Uhr vormittags bis 9 Uhr abends. An Sonn- und Festtagen nur von 8 bis 10 Uhr vormittags.

**Bureau des Vereins zur Hebung des Fremdenverkehrs,** Münzstrasse 11. Im Sommer werktäglich 9—12 Uhr vormittags, 3—6 Uhr nachmittags; im Winter 9—10½ Uhr vormittags, 4—6 Uhr nachmittags. Daselbst erhalten Fremde unentgeltlich jede gewünschte Auskunft, Adressbücher, Reiseführer; Literatur über Ostpreussen. Prospekte über Bäder, Ausflugsorte usw.

**Einwohnermeldeamt Junkerstrasse 8.**

**Für Grundstücks- und Mietsangelegenheiten:** Bureau des Grundbesitzervereins, Tragheimer Kirchenstrasse 51. 9—1 Uhr vormittags, 4—7 Uhr nachmittags. Königsberger Wohnungs-Baugenossenschaft, Königseck 11. Allgemeiner Wohnungs-Bauverein, Arndtstrasse 11.

**Für See- und Schiffahrtsverkehr:** Agentur des Norddeutschen Lloyd in Bremen: E. Bartenwerfer, Vordere Vorstadt 84/85. Vertreter der Hamburg-Amerika-Linie: A. Funk, Vordere Vorstadt 3. E. Stadie, Vordere Vorstadt 39. Marcus Cohn & Sohn, Schleusenstrasse 3a. Robert Kleyenstüber, Lizentstrasse 1. Storrer & Scott, Lizentgrabenstrasse 14. Robert Meyhöfer, Altst. Holzwiesenstrasse 5b. Claass, R., Agentur der Levante-Linie, Bahnhofstrasse 8.

**Städtischer Arbeitsnachweis:** Kneiphöfsche Hofg. 5.

**Für kaufmännisches und Handelswesen:** W. Schimmelpfeng, Kneiph. Langg. 6. Bürgel, Klapperwiese 10.

**Für Auskunft in allgemeinen Angelegenheiten:** Erstes ostpr. Detektivbureau, Nikolaistrasse 33, Ecke Drummstr. und O. Zeising, Steindamm 27/29.

## 3. Bahnhöfe.

**Ostbahnhof.** In westlicher Richtung über Kobbelbude 17 km, Ludwigsort 29 km, Heiligenbeil 50 km, Braunsberg 62 km, Elbing 116 km, Marienburg 145 km, Dirschau 163 km, Schneidemühl 343 km, Küstrin, Altst., 507 km, nach Berlin, S. B., 590 km. In östlicher Richtung über Tapiau 42 km, Wehlau 52 km, Insterburg 91 km, Gumbinnen 117 km, Trakehnen 130 km, Stallupönen 142 km, nach der Grenzstation Eydtkuhnen 153 km (Wirballen 155 km), anschliessend nach St. Petersburg. In südlicher Richtung führt eine Linie über Kobbelbude,

Mehlsack 62 km, Wormditt 78 km und Guttstadt 100 km, nach Allenstein 131 km, hier einmündend in die Bahnstrecke Insterburg—Thorn. Verbindung von hier nach Osterode, Deutsch-Eylau, Soldau. Eine weitere Nebenbahn vom Ostbahnhofe über Labiau 50 km, nach Tilsit 126 km erreicht in Tilsit die Linie Insterburg—Memel. Ebenso die Nebenstrecke Kobbelbude, Zinten 36 km, Heilsberg 81 km, Rothfliess 118 km, Sensburg 152 km bis Rudczanny 185 km. Von hier aus Nebenlinie nach Lyck 71 km und Allenstein 86 km. Bahnhof Ponarth für dieselbe Richtung bei Personenzügen (ausser Richtung Labiau, Tilsit und Eydtkuhnen).

**Bahnhöfe:** Mittelhufen, Vorderhufen und Tragheimer Palve für die Bahn nach Labiau.

**Südbahnhof.** In südlicher Richtung über Tharau 15 km, von hier 12 km Zweigbahn nach dem romantisch gelegenen Creuzburg, Pr. Eylau 37 km, Bartenstein 58 km, Korschen 81 km (Kreuzung Thorn, Allenstein, Rothfliess, Insterburg), Lötzen 132 km, Lyck 180 km, nach Grenzstation Prostken 195 km (Grajewo). Nebenstrecke Löwenhagen 21 km, Domnau 45 km, Friedland Ostpr., 55 km, Gerdauen 81 km, Nordenburg 99 km, Angerburg 118 km, nach Goldap 168 km.

**Pillauer** oder **Lizentbahnhof.** Westlich über Juditten 5 km, Metgethen 9 km, Fischhausen 33 km (Zweigbahn nach Palmnicken 18 km), Neuhäuser 41 km und Pillau 46 km. Pregel-Bahnhof (Ratshof) (Richtung nach Pillau).

**Cranzer Bahnhof** (vor dem Steindammer Tor). Über Gr. Raum 13 km, nach Cranz 28 km und Cranzbeek 30 km. Abzweigung von Cranz Rosehnen 33 km, nach Neukuhren 46 km.

**Samlandbahnhof** (hinter dem Cranzer Bahnhof). Über Neukuhren 35 km und Rauschen Ort 40 km, nach Warnicken 45 km.

**Kleinbahnhof** (am Königstor). Über Neuhausen 10 km, Prawten 12 km, Kreuzung nach Schaaksvitte 31 km, Possindern 33 km, nach Tapiau 54 km.

**Ausflugskarten:** Sonntagsausflugskarten nach Fischhausen, Gr. Hoppenbruch, Gr. Lindenau, Kahlberg, Juditten, Lötzen (Seenstrecke), Löwenhagen, Ludwigsort, Mehlsack, Metgethen, Neuhäuser/Pillau, Powayen, Palmnicken, Zinten.

## 4. Dampfer-Verbindungen nach auswärts.

| Reeder | Reiseroute | Abfahrt | Zeitdauer | Fahrpreis Mk. | | | Verpflegung Mk. | | | Bemerkungen |
|---|---|---|---|---|---|---|---|---|---|---|
| | | | | I. Kaj. | II. Kaj. | Deck | I. Kaj. | II. Kaj. | Deck | |
| **Marcus Cohn & Sohn,** Schleusenstrasse 3a. | Königsberg-Stettin | einmal wöchentlich und zwar Donnerstag | 24—30Stund. | 10,— | | 5,— | 4,— pro Person und Tag | | | — |
| „ | Königsberg-Lübeck | einmal wöchentlich Sonnabend | ca. 36 Stunden | 20,— | | 10,— | 4,— pro Person und Tag | | | — |
| „ | Königsberg-Kopenhagen | einmal wöchentlich Sonnabend resp. Sonntag früh | ca. 33 Stunden | 24,— | 18,— | 12,— | 5,— pro Person und Tag | | 3,— | bei Retourkarten 1/3 Ermässigung |
| „ | Königsberg-London | einmal wöchentlich Sonnabend resp. Sonntag früh | ca. 6 Tage inkl. 2½ Tage Aufenthalt in Kopenhagen | 70,— | 45,— | 30,— | „ | | | „ Fahrt nur bei einer Mindestbeteilig. v. 3—4 Pers möglich |
| **Storrer&Scott,** Lizentgrabenstr. 14. | Königsberg-Lübeck Königsberg-Amsterdam | Sonnabend nachm. od. Sonntag früh | — | 27,50 inkl. Verpfl. | | 10,— | — | | | — |

## Dampferverbindungen nach auswärts.

| Reeder | Reiseroute | Abfahrt | Zeitdauer | Fahrpreis Mk. I. Kaj. | Fahrpreis Mk. II. Kaj | Fahrpreis Mk. Deck | Verpflegung Mk. I. Kaj. | Verpflegung Mk. II. Kaj. | Verpflegung Mk. Deck | Bemerkungen |
|---|---|---|---|---|---|---|---|---|---|---|
| **Rob. Kleyenstüber,** Lizentstr. 1. | Königsberg-Stettin | dreimal wöchentlich, gewöhnlich Montag, Mittwoch u. Donnerstag früh | 24—30 Std. | 10,— | | 4,50 | 3 bis 5 Mk. pro Person und Tag | | | Retourbillets werden nicht ausgegeben. |
| „ | Königsberg-Flensburg | gewöhnl. in 10—14 Tagen | ca. 48 Std. | 20,— | | 10,— | „ | | | „ |
| „ | Königsberg-Kiel | wöchentlich einmal, gewöhnl. Freitag od. Sonnabend | „ | 20,— retour 30,— | | 10,— 15,— | „ | | | — |
| „ | Königsberg-Hamburg | wöchentlich einmal, gewöhnl. Freitag od. Sonnabend | ca. 56 Std. | 25,— retour 40,— | | 12,50 18,— | „ | | | — |

| Reeder | Reiseroute | Abfahrt | Zeitdauer | Fahrpreis Mk. I. Kaj. | Fahrpreis Mk. II. Kaj. | Fahrpreis Mk. Deck | Verpflegung Mk. I. Kaj. | Verpflegung Mk. II. Kaj. | Verpflegung Mk. Deck | Bemerkungen |
|---|---|---|---|---|---|---|---|---|---|---|
| **Rob. Kleyenstüber,** Lizentstr. 1. | Königsberg-Amsterdam | gewöhnlich alle 10—14 Tage | ca. 84-90 Std. | 50,— retour 80,— | | 30,— 50,— | 3 bis 5 Mk. pro Person und Tag | | | — |
| „ | Königsberg-Christiania | gewöhnlich alle 14 Tage | ca. 72 Std. | 45,— retour 67,25 | | 28,— 42,— | „ | | | — |
| „ | Königsberg-Christiansund-Stavangen-Bergen | gewöhnlich alle 10—14 Tage | ca. 90 Std. | „ | | | „ | | | — |
| „ | Königsberg-Christiansund-Drontheim | „ | 130—140 Std. | 67,25 retour 101,— | | 45,— 67,25 | „ | | | — |
| „ | Königsberg-Stockholm | gewöhnlich alle 14 Tage | 40 Std. | 33,50 retour 50,50 | | 22,50 33,50 | „ | | | — |
| „ | Königsberg-Gothenburg | ca. alle 3 Wochen | | Siehe Christiania. | | | | | | |

**Dampferverbindungen nach auswärts.**

| Reeder | Reiseroute | Abfahrt | Zeitdauer | Fahrpreis Mk. I. Kaj. | Fahrpreis Mk. II. Kaj. | Fahrpreis Mk. Deck | Verpflegung Mk. I. Kaj. | Verpflegung Mk. II. Kaj. | Verpflegung Mk. Deck | Bemerkungen |
|---|---|---|---|---|---|---|---|---|---|---|
| **Rob. Kleyenstüber,** Lizentstr. 1 | Königsberg-Hull | ca. 14tägig bei Bedarf | — | £ 3,10 s. retour £ 5,10 s. (für beide Routen) | | | | — | | — |
| „ | Königsberg-London | „ | — | | | | | — | | — |
| „ | Königsberg-New York-Philadelphia-Boston-Baltimore-Chicago | via Hamburg, Bremen, Kopenhagen und England, wöchentlich bis vierzehntägig. Fahrpreis nach Vereinbarung. | | | | | | | | |

**Dampferverbindungen im Innenverkehr.**

| Reeder | Reiseroute | Abfahrt | Zeitdauer | Fahrpreis Mk. I. Kaj. | Fahrpreis Mk. II. Kaj. | Fahrpreis Mk. Deck | Verpflegung Mk. I. Kaj. | Verpflegung Mk. II. Kaj. | Verpflegung Mk. Deck | Bemerkungen |
|---|---|---|---|---|---|---|---|---|---|---|
| **Robert Meyhöfer,** Altst. Holzwiesenstr. 5 und 7 | Königsberg-Tilsit | Dienstag, Donnerstag, Sonnabend 6 Uhr früh von Königsberg u. Tilsit | — | 3,20 retour 5,20 | 2,05 retour 3,60 | | | — | | — |

| Reeder | Reiseroute | Abfahrt | Zeitdauer | Fahrpreis Mk. | | | Verpflegung Mk. | | | Bemerkungen |
|---|---|---|---|---|---|---|---|---|---|---|
| | | | | I. Kaj. | II. Kaj. | Deck | I. Kaj. | II. Kaj. | Deck | |
| **Robert Meyhöfer,** Altst. Holzwiesenstr. 5 u. 7 | Königsberg-Russ-Heydekrug | Donnerstag 4 Uhr früh; von Heydekrug Montag 4 Uhr früh | — | 3,20 | | 2,05 | | — | | Retourscheine werden auf dieser Tour nicht ausgegeben |
| „ | Königsberg-Schwarzort-Memel | Dienstag und Freitag 6,15 früh von Königsberg und Memel | — | 3,20 retour: 5,20 | 2,05 retour: 3,60 | — | | — | | — |
| „ | Königsberg-Tapiau-Wehlau | Montag und Donnerstag 8 Uhr früh von Königsberg und Dienstag und Freitag 8 Uhr früh von Wehlau | — | Tapiau: 1,10 Wehlau: 1,30 | Tapiau: 0,85 Wehlau: 0,85 | — | | — | | Retourscheine werden auf dieser Tour nicht ausgegeben |

## Dampferverbindungen im Innenverkehr.

| Reeder | Reiseroute | Abfahrt | Zeitdauer | Fahrpreis Mk. | | | Verpflegung Mk. | | | Bemerkungen |
|---|---|---|---|---|---|---|---|---|---|---|
| | | | | I. Kaj. | II. Kaj. | Deck | I. Kaj. | II. Kaj. | Deck | |
| **Robert Meyhöfer,** Altst. Holzwiesenstr. 5 und 7 | Königsberg-Pillau-Kahlberg-Elbing | Dienstag und Freitag 6 Uhr früh von Königsberg und Elbing | — | Pillau: 0,55<br>Kahlberg und Elbing:<br>3,— | 2,— | — | | — | | Retourscheine werden auf dieser Tour nicht ausgegeben. |
| „ | Königsberg-Danzig | Mittwoch und Sonnabend früh 4 Uhr von Königsberg, Dienstag und Freitag früh 4 Uhr von Danzig | — | 3,20 | | 2,10 | | — | | „ |
| „ | Tawellningken-Tilsit | Täglich ausser Sonntag | — | — | | — | | — | | — |

| Reeder | Reiseroute | Abfahrt | Zeitdauer | Fahrpreis Mk. | | | Verpflegung Mk. | | | Bemerkungen |
|---|---|---|---|---|---|---|---|---|---|---|
| | | | | I. Kaj. | II. Kaj. | Deck | I. Kaj. | II. Kaj. | Deck | |
| **Memel-Cranzer-Dampfschiff-fahrts-Gesellschaft** | Königsberg-Memel und zurück | Täglich ausser Sonntag | — | II. Kl. Bahn u. I. Kaj. 5,50, III. Kl. Bahn u. II. Kaj. 3,50 | | | — | | | — |
| „ | Nach den Seebädern der Kurischen Nehrung | Vom 12. Mai bis 31. August täglich | — | Rossitten 4,— Nidden 4,50 Schwarzort 5,10 Mk. | | | — | | | 2,60 Mk.<br>3,— „<br>3,30 „ |
| **Zedler,** Elbing | Königsberg-Kahlberg | Während der Sommermonate ab Königsberg täglich ausser Freitag, ab Kahlberg tägl. ausser Donnerstag | — | Einf. Fahrt: 1,50 Mk. Hin- u. Rückfahrt 2 Mk. | | | — | | | — |

## Doppelschrauben-Salondampfer „Jaroslawna".

Während der Sommermonate

| Von → | Königsberg | Pillau | an Zoppot | an Danzig | Preise |
|---|---|---|---|---|---|
| Jeden Sonnabend<br>„ Sonntag | Mrg 7 Uhr | $9^1/_2$ | ca. 1 Uhr Nm. | | Kbg.-Pillau Einf. Fahrt **1,—** ℳ<br>Retour 1,50 „<br>Kbg.-Zopp.-Danz. Einf.F. 5,— „<br>Retour 8,— „ |
| „ Montag<br>„ Mittwoch | Vm. $9^{40}$ Uhr | 12 | „ $3^1/_2$ „ „ | ca. 5 Uhr | Pill.-Zopp.-Danz. Einf.F. **4,—** „<br>Retour 6,50 „<br>Zoppot-Danzig . . . . . **1,—** „ |

| Von → | Danzig | Zoppot | an Pillau | an Königsberg |
|---|---|---|---|---|
| Jeden Sonnabend<br>„ Sonntag | | Nm. $5^{30}$ | ca. 9 Uhr | ca. $11^1/_2$ Uhr Ab. |
| „ Dienstag<br>„ Donnerstag | Mrg. 7 Uhr | 8 | „ $11^1/_2$ „ | „ 2 „ Nm. |

## Hela-Linie.

Regelmässige Verbindung zwischen **Königsberg, Danzig, Zoppot** mit Doppelschrauben-Salondampfer **„Hela"**. Während der Sommermonate

| | | | | | | | |
|---|---|---|---|---|---|---|---|
| Sonnabd. $4^{00}$ | Mont. $4^{00}$ ab ↓ | Kgsbg. i. Pr. | ↑ an | Sonnabd. $2^{30}$ | Mont. $2^{30}$ | Einf.F. 2,05 ℳ | Ret. — ℳ |
| „ $6^{30}$ | „ $6^{30}$ „ | Pillau | „ | „ $12^{00}$ | „ $12^{00}$ | „ | „ 6,50 „ „ 10,20 „ |
| „ $10^{30}$ | „ $10^{30}$ an ↓ | Zoppot | ↑ ab | „ $8^{00}$ | „ $8^{00}$ | | |

Der Dampfer läuft auf der weiteren Fahrt **Stolpmünde, Kolberg, Bornholm** und **Karlskrona** an.

## Dampferspazierfahrten auf dem Pregel und Frischen Haff.

| Bestimmungsort | Abgangszeit | Fahrzeit | Fahrpreis |
|---|---|---|---|
| Arnau . . . . . . . . | Sonntag nachm. $2^1/_2$ Uhr vom Münchenhof | 45 Min. | Erwachsene . . . Mk. 0,50<br>Kinder . . . . . . . „ 0,30 |
| Pillau . . . . . . . . | Sonntag 8,15 Uhr früh von der Grünen Brücke (in der Saison laut vorheriger Bekanntmachung) | $2^1/_2$ Std. | Vorverkauf:<br>Erwachsene . . . Mk. 0,85<br>Kinder . . . . . . . „ 0,50<br>An Bord:<br>Erwachsene . . . Mk. 1,—<br>Kinder . . . . . . . „ 0,50 |

Daneben während des Sommers täglich ausser Donnerstag von mittags pregelauf- und abwärts von der Holz- und Grünen Brücke Dampferverbindung nach Arnau, dem Silospeicher, nach Holstein sowie den Haffdörfern Heidekrug, Peise, Zimmerbude usw. S. auch S. 142.

### 5. Post- und Telegraphenämter.

Hauptpost Poststrasse 14/15. In der Nähe des Königlichen Schlosses.

Ausserdem die Postämter Sackheimer Kirchenstr. 6, Börsenstrasse 1, Königstrasse 61, Klapperwiese 18, Unterhaberberg 13, Schönstrasse 3, Bahnstrasse 2, Schiefferdeckerstrasse 12 (fr. Ponarth). Daneben die Postagenturen Nasser Garten 122, Aweider Allee 87 (fr. Rosenau), Königsallee 124 (fr. Kalthof), Tragheimer Ausbau 131 (fr. Tragheimsdorf).

Telegraphenamt Gesekusplatz 8.

Abb. 11. Kaiserliche Hauptpost.

### 6. Städtische elektrische Strassenbahn.

1. **Sackheimer Tor—Cosse.** Abzeichen: Schilder und Licht grün.

Fahrt: Sackheimer Tor—Sackheim—Münchenhofplatz—Altstädtische Langgasse—Kaiser Wilhelm-Platz—Laak—Lizent-Bahnhof—Holländerbaumtor—Holsteiner Damm—Cosse.

Wagenfolge: 15 Minuten.

2. **Augustastrasse—Lizent-Bahnhof.** Abzeichen: Schilder und Licht grün-weiss.

Fahrt: Augustastrasse—Sackheim—Münchenhofplatz —Altstädtische Langgasse—Kaiser Wilhelm-Platz—Laak—Lizent-Bahnhof.

Wagenfolge: 15 Minuten.

Zwischen Sackheim—Ecke Augustastrasse und Lizent-Bahnhof einschliesslich der Wagen Sackheimer Tor—Cosse 7½ Minuten.

3. **Schlachthof—Tiergarten.** Abzeichen: Schilder weiss mit blauem Strich, Licht blau-weiss.

Fahrt: Schlachthof (Rosenau)—Friedländer Tor—Viehmarkt — Hohe Brücke — Weidendamm — Honigbrücke —Domplatz—Schmiedebrücke— Schlossplatz — Münzstrasse —Mitteltragheim— Schönstrasse— Fliessstrasse— Wrangelstrasse—Steindammer Tor—Hufenallee—Tiergarten.

Wagenfolge: 10 Minuten.

4. **Viehmarkt—Amalienau.** Abzeichen: Schilder und Licht weiss.

Fahrt: Viehmarkt—Unterhaberberg—Vorstadt—Kneiphöfsche Langgasse—Kaiser Wilhelmplatz—Gesekusplatz—Steindamm—Steindammer Tor—Hufenallee—Tiergarten—Lawsker Allee—Amalienau (Korinthenbaum).

Wagenfolge: ca. 7 Minuten.

5. **Kaiser Wilhelm-Platz—Ponarth.** Abzeichen: Schilder weiss mit roten Streifen. Licht weiss-rot.

Fahrt: Kaiser Wilhelm-Platz—Kneiphöfsche Langgasse—Vorstadt—Alter Garten — Brandenburger Tor — Nasser Garten—Nassengärter Tor—Schönbusch—Ponarth.

Wagenfolge: 10 Minuten.

6. **Königstor—Luisenallee.** Abzeichen: Schilder und Licht gelb-rot.

Fahrt: Königstor—Königstrasse—Rossgärter Markt—Französische Strasse—Schlossplatz—Junkerstrasse—Poststrasse — Steindamm — Steindammer Tor — Tiergarten — Luisenallee.

Wagenfolge: 7 Minuten.

7. **Münzplatz—Maraunenhof.** Abzeichen: Schilder und Licht blau.

Fahrt: Münzplatz — Münzstrasse — Mitteltragheim — Nachtigallensteig — Kürassierwallstrasse—Wrangelturm — Oberteichterrasse—Maraunenhof.

Wagenfolge: 20 Minuten.

Linien von den Hauptbahnhöfen.

8. **Bahnhofsring.** Abzeichen: Schilder Hauptbahnhof —Vorstadt—Tragheim—Rossgärter Tor grün-rot.

Hauptbahnhof —Weidendamm—Rossgarten — Rossgärter Tor grün mit rotem Rand. Licht grün-rot.

Fahrt: Hauptbahnhof — Bahnhofstrasse — Vorstadt—Kneiphöfsche Langgasse—Kaiser Wilhelm-Platz—Gesekusplatz—Steindamm—Poststrasse—Paradeplatz (Theater)—Mitteltragheim — Schönstrasse — Nachtigallensteig —Rossgärter Tor—Rossgarten—Rossgärter Markt—Mittelanger—Münchenhofplatz — Holzbrücke — Weidendamm — Kaiser-brücke—Kaiserstrasse—Hauptbahnhof.

Wagenfolge: 7 Minuten.

9. **Hauptbahnhof—Kalthof.** Abzeichen: Schilder und Licht gelb.

Fahrt: Hauptbahnhof—Vorstadt—Kneiphöfsche Langgasse— Kaiser Wilhelm-Platz — Kantberg—Schlossstrasse —Schlossplatz—Französische Strasse—Bergplatz--Rossgärter Markt—Königstrasse—Königstor—Kalthof.

Wagenfolge: 7 Minuten.

10. **Hauptbahnhof—Samland- und Cranzer Bahnhof—Hermannsallee.** Abzeichen: Schilder und Licht blau-gelb.

Fahrt: Hauptbahnhöfe—Kaiserstr.—Vorstadt—Kneiph. Langgasse — Kaiser Wilhelmplatz — Gesekusplatz — Steindamm—Steind. Tor—Cranzer Bahnhof—Samlandbahnh.—Fuchsberg. Allee—Mozartstr.—Haydnstr.—Beethovenstr.—Bahnstrasse—Hermannsallee—(Ecke Luisenallee).

Wagenfolge: 10 Minuten.

11. **Hufenring.** Abzeichen: Licht „Hufenring“. Schilder: Poststrasse—Tiergartenstrasse—Bahnhof Mittelhufen gelb-weiss, Poststrasse—Fuchsberger Allee—Bahnhof Mittelhufen lila.

Fahrt: Poststrasse—Steindamm—Steindammer Tor—Hufenallee — Tiergarten — Tiergartenstrasse — Tiergarten-Festhalle—Markthalle—Bahnhof Mittelhufen—Bahnstrasse —Hardershof—Fuchsberger Allee—Bahnhof Vorderhufen —Samland-Bahnhof—Cranzer Bahnhof—Steindammer Tor —Steindamm—Poststrasse.

Wagenfolge: 10 Minuten in abwechselnder Richtung.

12. **Poststrasse—Juditten.** Abzeichen: Schilder und Licht rot.

Fahrt: Poststrasse—Steindamm—Steindammer Tor—Hufenallee — Tiergarten—Amalienau — Ratshof—Lawsken —Juditten (Luisenthal).

Wagenfolge: 20 Min., im Sommer Sonntag nachm.: 10 Min.

### 7. **Droschken und Taxameter.**

Bis 1000 m Wegstrecke 50 Pf., fernere je 500 m 10 Pf. für eine und zwei Personen. Für drei und vier Personen 750 m 50 Pf., fernere je 375 m 10 Pf. bis zur äussersten Ortsgrenze. Bei Landfahrten, die sich über die Ortsgrenze erstrecken, sowie bei Nachtfahrten (1. April bis 30. September 12—6 Uhr, 1. Oktober bis 31. März von 11—7 Uhr) 1 bis 4 Personen 500 m 50 Pf., fernere 250 m 10 Pf.

Automobildroschken.

Bis 600 m Wegstrecke 60 Pf., fernere je 300 m 10 Pf. für eine und zwei Personen. Für jede weitere erwachsene Person 30 Pf. Zuschlag. 1 Kind unter 10 Jahren frei, 2 = 1 Fahrgast, 3 oder 4 = 2 Fahrgäste. Innerhalb der Stadtumwallung. Ausserhalb derselben bis zur Ortsgrenze bis 450 m 60 Pf., fernere je 225 m 10 Pf. Darüber hinaus sowie zur Nachtzeit bis 300 m 60 Pf., fernere 150 m 10 Pf.

### 8. **Dienstmänner.**

Expressbriefe innerhalb der Stadt 20 Pf., mit Antwort 30 Pf. Für Gänge mit Lasten bis 15 kg 25 Pf., über 15 bis einschliesslich 50 kg 50 Pf., über 50 kg für jede 25 kg 15 Pf. mehr. Von und nach dem Cranzer Bahnhof Entschädigung nach freier Vereinbarung.

Messenger Boys. Hauptgeschäftsstelle Paradeplatz 12. Nebenstelle Fleischbänkenstrasse 21 und „Rote Radler", Gesekusplatz 7 übernehmen Einzelaufträge und geben Boten zu nachstehendem Tarif ab: Bote zu Fuss oder mit Zweirad: Erste Viertelstunde 30 Pf., jede weitere Viertelstunde 15 Pf. Bote mit Dreirad oder Handwagen: erste Viertelstunde 50 Pf., jede weitere Viertelstunde 20 Pf. Geöffnet auch Sonntags von 7 Uhr früh bis 10 Uhr abends.

### 9. **Spediteure und Möbeltransporteure.**

F. Bartenwerfer, Vord. Vorstadt 84/85. Königsberger Paketfahrt, Max Gerlach u. Co., Kontor Hauptbahnhof. Henze, Mahlow u. Co., Vord. Vorstadt 66/67. G. Rathke, Weissgerberstr. 23. Weckert u. Müller, Königstr. 61.

## B. Aufenthalt.

### 1. **Behörden.**

**Bezirksausschuss für den Regierungsbezirk Königsberg:** Regierungsgebäude, Eingang Schönstrasse 3.
**Bezirkskommando:** Sackheim 53.
**Einwohnermeldeamt:** Junkerstrasse 8.

**Fortbildungsschulbureau:** Köttelstrasse 20.
**Generalkommando des 1. Armeekorps:** Vorderrossgarten Nr. 54.
**Gewerbegericht:** Magisterstrasse 67/69, Zimmer 99.
**Hauptmeldeamt und Bezirkskommando:** Arresthausplatz.
**Kaiserl. Oberpostdirektion:** Poststrasse 14.
**Kommandantur:** Hinterrossgarten 43.
**Königl. Staatsarchiv:** im Schloss. Geöffnet werktäglich von 9—1 Uhr.
**Königl. Amts- und Landgericht:** Theaterplatz 3/5.

Abb. 12. Königliche Regierung.

**Königl. Eisenbahndirektion:** Hintere Vorstadt 55a.
**Königl. Katasteramt:** Schönstrasse 3.
**Königl. Konsistorium:** im Schloss über dem Staatsarchiv.
**Königl. Landratsamt Kreis Königsberg:** Königstrasse 56.
**Königl. Regierung:** Mitteltragheim 40 und 40a.
**Königl. Oberzolldirektion:** Paradeplatz 13.
**Königl. Hauptzollamt:** Holländer Baumstrasse 16/17 und Schönstrasse 18.
**Landwirtschaftskammer:** Beethovenstrasse 14.

**Magistrat:** Kneiphöfsches Rathaus, Brodbänkenstr. 11/12, und in seinen Nebengebäuden in der Magisterstrasse.
**Medizinalkollegium:** Mitteltragheim 40 und 40a.
**Oberlandesgericht:** Im Nordflügel des Königl. Schlosses.
**Oberpräsidium:** Mitteltragheim 40 und 40a.
**Ostpr. Generallandschafts-Direktion:** Landhofmeisterstrasse 8/9.
**Ostpreussische Feuersozietät,** Königstrasse 94/96.
**Polizeipräsidium:** Junkerstrasse 8.

Abb. 13. Landeshaus.

**Provinzial-Kommunal-Verwaltung:** Landeshaus, Königstrasse 28/32.
**Provinzialschulkollegium:** Im Regierungsgebäude, Mitteltragheim 40 und 40a.
**Reichsbank-Hauptstelle:** Gr. Domplatz 1.
**Stadtschul-Deputation:** Domstrasse 6.

## 2. Konsulate.

**Belgisches Konsulat,** für Ostpreussen, ausschliesslich des Kreises Memel, Kaiserstrasse 45. Konsul: R. Lengnick, in Firma C. Glitzke.

**Brasilianisches Vizekonsulat,** Börsenstrasse 1b. Vizekonsul: Dr. jur. Leo Laser.
**Dänisches Konsulat,** Vord. Vorstadt 29. Konsul: J. O. Arntzen.
**Französisches Konsulat,** Schlossstrasse 2. Konsular-Agent: Max Minkowski.
**Griechisches Konsulat,** für Ost- und Westpreussen. Konsul: Franz Dick, Tragh. Kirchenstrasse 43.
**Grossbritannisches Vizekonsulat.** Vizekonsul: Otto Birth: Bureau: Bahnhofstrasse 4. Bureaustunden: 10½ bis 12½ Uhr vorm., 5—6 nachm.
**Italienisches Konsulat,** für Ost- und Westpreussen, Lizentstrasse 1. Konsul: Arthur Preuss. Konsulatssekretär: Th. Wichtermann.
**Mecklenburg-Schwerinsches Konsulat.** Konsul: Robert Kleyenstüber, Lizentstrasse 1.
**Niederländisches Konsulat,** Bahnhofstrasse 32. Konsul: Ludwig Porr.
**Norwegisches Konsulat,** Vord. Vorstadt 29/30. Konsul: Bankier Herm. Schlimm.
**Oesterreich-Ungarisches Konsulat,** Koggenstrasse 25/26. Generalkonsul: Otto Meyer. Vizekonsul: Fritz Wien.
**Portugiesisches Konsulat,** Hochmeisterstrasse 12. Konsul: Rudolf Brinkmann.
**Russisches Konsulat,** für Ostpreussen ausschliessl. Memel. Konsul: Kollegienrat Zinowy von Polianowski. Sekretär: Kollegien-Assessor Wassili von Olferiew, Kanzler: Emmanuel Eck. Kanzlei: Münzstrasse 18, 2 Treppen. Amtsstunden 10—1.
**Schwedisches Konsulat,** Arthur Eschle, Vordere Vorstadt 78/79.
**Schweizerisches Konsulat** für Ost- und Westpreussen, Kaiserstrasse 48, I. Konsul: Felix Japha, Steindamm Nr. 115/116.
**Serbisches Konsulat,** Schleusenstrasse 3a. Konsul: Ernst Leo.
**Spanisches Konsulat,** Konsul: Rud. Frommer. Vizekonsul: Robert Frech, Vord. Vorstadt 48/52.
**Vereinigte Staaten von Nordamerika,** Vord. Vorstadt 29/30. Konsularagent: Alexander Eckhardt.

### 3. Banken und Wechselstuben.

Bank der Ostpreussischen Landschaft, Landhofmeisterstrasse 16/18. Nebenstellen: Kneiph. Langg. 45, Poststrasse 16. — Zentralgenossenschaftsbank für Ost- und Westpreussen zu Königsberg i. P., Tragheimer Gartenstrasse 8. — Credit-Gesellschaft zu Königsberg i. Pr., Kleiner Domplatz 1. — Franz Dick, Tragheimer Kirchenstrasse 43. — Grund-Creditbank, Brodbänkenstrasse 13. — Königsberger Vereinsbank, Vord. Vorstadt 48/52, Depositenkasse: Paradeplatz 9. — Norddeutsche Creditanstalt, Kneiph. Langgasse 1—4, Depositenkasse: Prinzessinstrasse 3a. — Ostbank für Handel und Gewerbe, Kneiph. Langgasse 11/12, Depositenkassen: Steindamm 119/121, Königstrasse 49/50. — Ostpreussischer Vorschussverein zu Königsberg i. Pr., Tragh. Gartenstrasse 8. — Reichsbankhauptstelle, Gr. Domplatz 1a. — S. A. Samter Nachfolger (Commandit-Gesellschaft), Münzstrasse 11. — Gebrüder Schlimm, Französ. Strasse 20. — Hermann Schlimm, Vord. Vorstadt 30.

4. **Gasthöfe.** (Vgl. den beigegebenen Plan.)

„Das Deutsche Haus" (E. 5), Theaterstrasse 12/14. Z. von 2,50 Mk. ab. Frühst. 1 Mk., Table d'hote 3 Mk. mit Weinzwang. — Berliner Hof (E. 5), Steindamm 70/71. Z. von 2,50 bis 6 Mk. F. 0,60 bis 1 Mk., T. d'h. 1,50 bis 3 Mk. Elektr. Licht, Lift, Bäder im Hause. — Central-Hotel, Paradeplatz, gegenüber dem Theater (E. 5). Z. 3 bis 12 Mk. F. 1,25 Mk., Menu von 2,50 Mk. Elektr. Licht, Lift. — Hotel Continental (E. 6), Vord. Vorstadt. Z. v. 2,50 bis 12 Mk., F. 1,25 Mk., Menu 1,50—4 Mk. Elektr. Licht, Lift. — Bahnhofshotel (E. 7), dem Ost- und Südbahnhof gegenüber. Z. von 2,50 Mk. an. F. 1 Mk. — Hotel Kreutz (E. 5), Tragh. Kirchenstrasse 44. Z. 2,50 bis 3 Mk. F. 1 Mk., T. d'h. 2,50 Mk. mit W., Menu 1,50 bis 1,75 Mk. — Germania (E. 5), Tragh. Kirchenstrasse 47. Z. v. 2,50 Mk. an. F. 1 Mk., T. d'h. 2,50 m. W., Menu 1,50 Mk. Kaufleute. — Monopol (E. 5), Tragh. Kirchenstrasse 45. Z. v. 2 Mk. ab. F. 0,75 Mk., Menu 1,50 Mk. — Viktoria-Hotel (E. 6. 7), Viktoriastrasse 10, am Bahnhof. Z. 1,50—2,50 Mk. F. kleine Preise, Menu 1,50—2 Mk. — Engl. Haus (E. 6), Klapperwiese 4. Z. v. 2 Mk. an. F. 0,75 Mk. — British Hotel (F. 5), Bergplatz 4. — Kronprinz von Preussen (E. 6), Vord. Vorstadt 66/67. — Hotel de Rome (E. 5), Tragh. Kirchenstr. 55. — Reichsadler (E. 6. 7), Kaiserstrasse 50. — Hotel de St. Pétersbourg (E. 6), Kaiserstrasse 5. — Hotel „Masie" (E. 7), Hintere Vorstadt 51. Beide jüdisch rituell.

### 5. Chambres garnies und Pensionate.

Reichel, Kneiph. Langgasse 42/43. — Quassowski, Gesekusplatz 6. — Schrötter, Steindamm 56/57. — Jester, Steindamm 84/86. — „Daheim", Steindamm 137/138. — Macketanz, Prinzessinstrasse 3a. — Steffen, Am Schloss 1. — Frau Major Nussbaum, Schlossstrasse 6. — Faruhn, Theaterstrasse 8. — Bühner, Theaterstrasse 12. — Dannappel, Münzstrasse 8/9. — Luks, Münzstrasse 23. — Thulke, Münzstrasse 29. — Milthaler, Theaterplatz 10/11. — Teichert, Paradeplatz 16. — Willimzig, Theaterplatz 18. — Kittmann, Gr. Schlossteichstrasse 5. — Schüler, Henschestrasse 14. — Epperlein, Schönstrasse 8. — Heer, Schönstrasse 14. — Hasselmann, Tragh. Kirchenstrasse 22. — Marquardt, Bergplatz 13/14. — Eschholz, Weissgerberstrasse 2. — Battesch, Gr. Schlossteichstrasse 8.

### 6. Weinstuben.

Albert Bank, Brodbänkenstrasse 24. „Blutgericht" im Schloss, innere Nordwestecke. Abends geschlossen. — Frederichs Weinstuben, Steindammer Kirchenplatz 1. — C. B. Ehlers, Gesekusplatz 2 und Altst. Bergstrasse 15. — Knoop, Gr. Schlossteichstrasse 8. — F. A. J. Jüncke, Kneiphöfsche Langgasse 10. — A. F. Köppen, Kneiph. Langgasse 23/24. — Rheinisches Winzerhaus, Theaterstrasse 8. — Sakowski, Münzstrasse 29. — J. M. Schwarz Nachf., Kneiph. Langgasse 15. — Steffens und Wolter, Kneiph. Langgasse 27. — Wolfsschlucht (Inhaber E. Pilaski), Königstrasse 51/52, Casino-Baar, Münzstr. 12.

### 7. Restaurants und Speisehäuser (mit Bier).

Automaten-Restaurants: Kneiph. Langgasse 19, Steindamm 130/31, Steindamm 158, Münchenhofstr. 8/9, Vord. Vorstadt 26/28, Münzstrasse 14/15, Rossgärter Markt. 4. Bellevue, am Schlossteich mit Garten. — Börsenrestaurant, Eingang Börsenstrasse. — Bürger-Ressource mit Garten, Burgstrasse. — Jubiläumhalle, Koggenstrasse 42, mit Garten und Bildern aus dem alten Königsberger Strassenleben. — A. Kempka, Kneiph. Langgasse 8. — Mönchshof, Burgstrasse 11/12. — J. Nahser, Kneiph. Langgasse 60, sowie zum Kulmbacher, Steindamm 147. — Reichshof, Theaterplatz 10/11. — Deutsche Ressource, Jägerhofstr. 8. Grosser, schattiger Garten mit ca. 2000 Sitzplätzen. — Schützenhaus mit Garten. — Theater-Restaurant mit Garten, Theaterplatz 1. F. kleine Preise, Menu von 1,25 Mk. aufw., Diners und Soupers zu jeden Preisen. — Restaurants mit Damenbedienung: Zum Kurfürsten, Steindamm 153. — Café National, Steindamm 37. Menu von 1—1,50 Mk. — Prinzess Royal, Vorderrossgarten 31. — Tragheimer Hof, Tragheim-Passage. — Deutscher Hof, Hintere Vorstadt 32.

### 8. **Kaffeehäuser.**

Café Bauer, Paradeplatz 4a. — Café Imperial, Münzstrasse 16, am Schlossteich, mit Terrasse, ca. 400 Sitzplätze (Spezialitäten-Konzert). — Café Metropole, Grosse Schlossteichstrasse 11. — Kaiser Friedrich-Café, Steindamm 67/69. Zeitungen. — Kaiser-Café, Kaiserstrasse 40. — Café Prussia, Lindenstrasse 16/17.

### 9. **Konditoreien.**

S. Plouda, Kneiphöfsche Langgasse 6. Marzipan. — Gebr. Steiner, Junkerstrasse 1. — F. Neuhaus, Steindamm 56/57. — M. Zappa, Französ. Strasse 12/13a. — H. Schwermer, Münzstrasse 27. Baumkuchen. — O. Petschlies, Altstädtischer Markt 1/2. — R. Rehs, Schlossteichstr. 6 u. a.

### 10. **Restaurants vor den Toren.**

Konditorei Amende, Julchental und Luisenhöh in der Hufenallee. — Belvedere und Korinthenbaum, Lawsker Allee. Von beiden Aussicht über das Pregeltal. — Alte Schmiede am Hammerweg. — Am Landgraben zum Kopernikus. — Neuer Schützengarten, Vorderhufen. — Oberteichterrasse am Oberteich. — H. Stinsky, Rosenau. — Aschmannpark in Maraunenhof. — Südpark Ponarth u. a. m.

### 11. **Königsberger Spezialitäten.**

Königsberger Marzipan in allen Konditoreien, Königsberger Klops und Königsberger Fleck (im Winter) in fast allen Restaurants.

### 12. **Reiseerinnerungen.**

Als Reiseerinnerungen werden Bernsteinsachen bevorzugt. B. Liedtke, Prinzessinstrasse 1/3. — A. Lehmann, Steindamm 79/80. W. Hartmann, Weissgerberstrasse 5. — Ottmüller, Vordere Vorstadt 38. Über Bernsteinsachen s. S. 28.

### 13. **Kurzer Rundgang für Eilige.**

Für eilige Touristen sei folgender Rundgang durch die Stadt empfohlen: Vom Ostbahnhofe nach dem Pregel, am Bollwerk rechts entlang, vorbei an der neu erbauten Werfthalle nach der Grünen Brücke mit dem prächtigen Renaissancebau der Börse (Blick von der Freitreppe) durch die verkehrsreichste Strasse: die Kneiphöfsche Langgasse nach dem Kaiser Wilhelmplatz — Denkmal Bismarcks, Grabstätte des Sohnes von Martin Luther — Denkmal Kaiser Wilhelms I. (beide Denkmäler von Professor Reusch, Königsberg i. Pr.) Dann rechts ab durch die Altstädtische Bergstrasse, vorüber an der Schlossterrasse mit dem Denkmal Friedrich Wilhelm I. nach dem Schlossberg bis zum Schloss. Denkmal Friedrich I. (Schlüter) und Herzog Albrecht-Terrasse am Schlossplatz, „Café Imperial". Auf der Nordseite des Schlosses nach der Kantstrasse, am Postgebäude vorbei durch Prinzessin- und Junkerstrasse nach dem Paradeplatz. Universität. Denkmal Friedrich Wilhelms III. (von Kiss), Denkmal Kants (von Rauch) und des Provinzial-Schillerdenkmals vor dem Theater. Durch die grosse Schlossteichstrasse, entlang der Uferpromenade des Schlossteiches, vorbei am Heinemannschen Bogenschützen, durch die Französische Strasse nach dem Rossgärter Markt. Die Königstrasse nur für diejenigen, die Sammlungen einsehen wollen (zwei Panoramen, Museum, Gemäldegalerie, Prussiamuseum, Landeshaus). Sonst zurück durch die Weissgerberstrasse, vorbei am Restaurant Bellevue bis zum Tragheim. (Königl. Bibliothek und Regierungsgebäude.) Von der Kneiphöfschen Langgasse kann man durch die Brotbänkenstrasse (rechts die zweite Querstrasse hinter der Grünen Brücke) an dem Rathause vorbei einen lohnenden Weg nach dem 1333 erbauten, kürzlich restaurierten Dome machen. Lohnende Ausfahrt mit Wagen oder elektrischer Bahn auch nach den Hufen mit dem Walter Simon-Spielplatz, dem Tiergarten, sowie den Villenkolonien Amalienau und Ratshof, als auch nach Villenkolonie Maraunenhof am Oberteich und nach Kalthof.

## 14. Besichtigungs- und Öffnungszeit der Sehenswürdigkeiten, Bibliotheken und Sammlungen.

Betreffs Besichtigung hier nicht angeführter Sehenswürdigkeiten befindet sich das Nähere an den betreffenden Stellen mitgeteilt, die mit Hilfe des alphabetischen Verzeichnisses am Schluss des Buches schnell aufgeschlagen werden können.

| | S. | M. | D. | M. | D. | F. | S. | Bemerkungen. |
|---|---|---|---|---|---|---|---|---|
| Archäologische Sammlung der Universität: Königstrasse 67. | 11-2 | — | — | — | — | — | — | Unentgeltlich. S. S. 67. |
| Börse . . . . . . . . | Galerie während der Börsenzeit $11^1/_2$—$1^1/_2$ geöffnet | | | | | | | Unentgeltl. Eing. v. d. Köttelbrücke. S.S. 96. |
| Botanischer Garten . | 2-6 | 2-6 | 2-6 | 2-6 | 2-6 | 2-6 | — | Unentgeltlich. Geöffn. v. 1. Mai bis 30. Sept. S. S. 69. |
| Dom . . . . . . . . . | $8^1/_2$-$10^1/_2$ u. $1^1/_2$-$2^1/_2$ | $8^1/_2$-$10^1/_2$ u. $1^1/_2$-$2^1/_2$ | $8^1/_2$-$10^1/_2$ u. $1^1/_2$-$2^1/_2$ | $8^1/_2$-$10^1/_2$ u. $1^1/_2$-$2^1/_2$ | $8^1/_2$-$10^1/_2$ u. $1^1/_2$-$2^1/_2$ | $8^1/_2$-$10^1/_2$ u. $1^1/_2$-$2^1/_2$ | $8^1/_2$-$10^1/_2$ | Eintritt 50 Pf. Bei grösseren Gesellsch. Ermässigung. Für Fremde nach Meldung auch zu anderer Zeit. S. S. 89. |
| Gemäldegalerie (Stadtmuseum): . . . . . Königstrasse 57. | 11-2 | — | 11-1 | 11-1 | 11-1 | 11-1 | 11-1 | Unentgeltlich. S. S. 64. |
| Kants Grabstätte: . . Eingang v. Domhof. | Unentgeltlich geöffn. an Kants Geburts- und Todestag 22. April u. 12. Februar von 11—2. Sonst jederzeit nach Meldung b. Kastellan d. gegenüberlieg. Kneiph. Gymnasiums | | | | | | | S. S. 94. |
| Kneiphöf. Rathaus . . | Meldung Botenstube. | | | | | | | (Stuckdeck.) S.S. 77 u. 94. |
| Königl. Regierung: . Mitteltragheim. | Meldung im Mittelbau beim Kastellan. | | | | | | | (Treppenhaus). S. S. 98. |

| | S. | M. | D. | M. | D. | F. | S. | Bemerkungen. |
|---|---|---|---|---|---|---|---|---|
| Königl. Schloss . . . | 11-2 | 10-2 | 10-2 | 10-2 | 10-2 | 10-2 | 10-2 | Im Winter wochentägl. v. 11—2. Meldungen und Eintrittskarten à 25 Pf. b. Schlosskastellan, Innerer Hof 2 I. S. S. 71 u. 83. |
| Königl. u. Universitäts-bibliothek: . . . . Mitteltragheim 22. | —<br>— | 11-1<br>3-5 | 11-1<br>— | 11-1<br>— | 11-1<br>3-5 | 11-1<br>— | 11-1<br>— | Die Lesezimmer sind werkt. von 9—1 und (ausgen. Sonnabend) v. 3—7 Uhr geöffn. Während d. akadem. Ferien ist die Bibl. nur am Vorm. geöff. S. S. 100 und 128. |
| Kunstgewerbemuseum: Vorderrossgarten 49. | 11-1 | — | — | — | 10-1 | — | — | Unentgeltlich. S. S. 66. |
| Kupferstichkabinett: . Im Universitätsgeb., 2 Tr. r., letzte Tür. | — | — | 2-4 | — | — | 2-4 | — | Unentgeltlich. S. S. 67. In den Universitätsferien geschlossen. |
| Öffentliche Lesehalle: Magisterstrasse 28. | 4-9 | 10-1 | 10-1 | 10-1 | 10-1 | 10-1 | 10-1 | S. S. 66. |
| Blumenstrasse 11 . . | 5-8 | 6-9 | 6-9 | 6-9 | 6-9 | 6-9 | 6-9 | |

| | S. | M. | D. | M. | D. | F. | S. | Bemerkungen. |
|---|---|---|---|---|---|---|---|---|
| Paläontolog.-geologisches Museum: . Grossart. Bernsteinsammlung der Univers., Lange Reihe 4. | 11-1 | — | — | — | — | — | — | Unentgelt. Für Fremde nach Meldung jederzeit. S. S. 62. |
| Prussiamuseum: . . . Königstrasse 65/67. | 11-1 | — | — | — | — | — | — | Unentgelt. An Wochentag. n. Meld b. Kast. Kretschmann. S. S. 59. |
| Prussiabibliothek: . . Königstrasse 65/67. | — | — | — | 4-6 | — | — | 4-6 | S. S. 129. |
| Riesemann & Lintaler: (Permanente Kunstausst.) Franz. Str. 5. | — | 9-7 | 9-7 | 9-7 | 9-7 | 9-7 | 9-7 | Eintritt 50 Pf. S. S. 66. |
| Schlosskirche . . . . | Meist von 10—12 geöffnet | | | | | | | Kastellan Horn, Jägerhofstrasse 6. S. S. 87. |
| Schulmuseum . . . . | — | — | — | 4-5 | — | — | 4-5 | S. S. 69. |
| Siemeringmuseum: . . Altstädt. Rathaus, 1 Tr., Eingang vom Altstädt. Markt. | 11-2 | — | — | — | — | — | — | Unentgeltlich. |
| Städtischer Schlacht- und Viehhof: . . . In Rosenau vor dem Friedländ. Tor, (elektrische Bahn). | Vormittags und Nachmittags bis 5 Uhr | | | | | | | Eintritt 50 Pf. S. S. 30. |

| | S. | M. | D. | M. | D. | F. | S. | Bemerkungen. |
|---|---|---|---|---|---|---|---|---|
| Stadtbibliothek: . . . Gr. Domplatz 4. | —<br>— | 11½-1½<br>4-5 | 11½-1½<br>4-5 | 11½-1½<br>4-5 | 11½-1½<br>4-5 | 11½-1½<br>4-5 | 11½-1½<br>— | S. S. 128. |
| Teicherts Kunstsalon: (Moderne Kunst und Kunstgewerbe), Gr. Schlossteichstr. 8. | — | 9-7 | 9-7 | 9-7 | 9-7 | 9-7 | 9-7 | Eintritt 50 Pf. S. S. 66. |
| Tiergarten: Hufen . . | Von 7 (resp. 8 Uhr im Winter) bis 11 Uhr abends | | | | | | | Eintritt 50 Pf. Mittwoch 1 Mk. S. S. 68. |
| Universität . . . . . | Täglich auch Sonntags und Feiertags zu jeder Zeit geöffnet | | | | | | | Meldung b. Kastellan im Innern. S. S. 79 und 97. |
| Vergleichende anatomische Sammlung:. Sternwartstr. 1—2. | Alle 14 Tage Sonntags von 11—1 | | | | | | | Unentgeltlich. |
| Wallenrodtsche Bibliothek: . . . . . . Im Dom. | — | 12-1 | 12-1 | 12-1 | 12-1 | 12-1 | 12-1 | Vorherige Meldung b. dem Lesesaalbeamt. d. Kgl. u. Universitätsbiblioth., Mitteltragh.22. S.S.93u.129. |
| Zoologisches Museum: Sternwartstr. 1/2. | 11-1 | — | — | — | — | — | — | Unentgeltlich. Für Forscher nach Meldung. S. S. 67. |

**Walter Simon-Jugendspielplatz.** (Hufen.)
**Die Stadtgärtnerei:** Vom Tragheimer Tor am besten zu erreichen, bis Wegweiser dorthin rechts abzeigt.
**Volksgarten:** Städtischer Park, Westende der Stadt. In ihm das Kriegerdenkmal.
**Juditter Stadtpark.** (Steindammer Tor, elektrische Bahn.)
**Park Luisenwahl.** (Hufen.)
**Ratshöfer Park.** (Hufen.)
**Kalthöfer Park.** (Königstor, elektrische Bahn.)
**Max Aschmann-Park.** (Motorboot, Oberteich.)
**Park Friedrichsruh.** (Ponarth.)
**Zwillingsteich-Promenade:** Bei der Hammerschmiede in der Villenkolonie Amalienau.

Wegen Besichtigung der Kirchen, unter denen namentlich der Dom, die Schlosskirche und die Steindammer Kirche sowie die Neurossgärter hervorzuheben sind, wende man sich an den betreffenden Küster.

## VII. Sehenswürdigkeiten.

### A. Museen, öffentliche Sammlungen und Institute.

1. **Prussia-Museum.** Königstrasse 65—67. Geöffnet: 1. Unentgeltlich jeden Sonntag von 11—1 Uhr. 2. Zu beliebiger anderer Zeit gegen eine festgesetzte, durch Aushang bekanntgemachte Vergütung an den Kastellan, falls er im Museum gerade anwesend oder von dem Besuche rechtzeitig in Kenntnis gesetzt ist. — Wohnung des Kastellans Kretschmann im westlichen Seitengebäude des Museums. Illustrierte Kataloge beim Kastellan käuflich: Teil I und III je 40 Pfennig, Teil II ist z. Z. vergriffen.

Das Prussia-Museum, in welchem jetzt auch, soweit es der Raum erlaubte, die prähistorische Sammlung des früheren Provinzialmuseums der hiesigen Physikalisch-Ökonomischen Gesellschaft aufgestellt ist, enthält ostpreussische Altertümer aus vorgeschichtlicher und geschichtlicher Zeit, von denen einige der wichtigsten unten namhaft gemacht werden. Die Sammlungen sind wie folgt chronologisch geordnet:

## I. Vorgeschichtliche Zeit.

Steinzeit (Urzeit bis c. 1500 vor Chr.): Funde von den Wohnplätzen auf der Kurischen Nehrung, aus Pfahlbauten in Masuren, Grabfunde aus dem Wäldchen Kaup bei Wiskiauten in der Nähe von Cranz. Waffen und Werkzeuge aus Hirschhorn, Knochen, Feuerstein und anderem Gestein, Schmucksachen aus Bernstein. — Ältere Bronzezeit (c. 1500—c. 700 v. Chr.): Grabfunde aus Slaszen, Kr. Memel, Rantau und Alknicken, Kr. Fischhausen. Bronzene Schwerter und Beile, Äxte und Sicheln, Statuette aus Schernen, Kr. Memel. Depotfunde aus Littausdorf und Nortycken, Kr. Fischhausen. — Jüngere Bronzezeit (c. 700—c. 300 v. Chr., die Schlussphase entspricht zeitlich der sonst sogenannten Frühlatèneperiode): Grabfunde aus verschiedenen Teilen der Provinz. Depotfunde aus Skandau, Kr. Gerdauen, Willkau, Kr. Fischhausen, Charlottenberg, Kr. Insterburg, Saffronken, Kr. Neidenburg, eine andere Gruppe aus Grünwalde und Schlakalken, Kr. Fischhausen, Kerwienen und Markeim, Kr. Heilsberg, Tilsit, Kr. Tilsit. — Ostpreussische Latènezeit (c. 300 vor—c. 50 n. Chr.): Hügelgrabfunde aus dem nordwestlichen Samland (St. Lorenz, Tykrehnen, Warnicker Forst, Sorgenau), Grabfeldfunde aus Masuren (Kr. Neidenburg: Niederhof, Grodtken, Taubendorf). — Zeit der grossen Gräberfelder (1. bis Ende des 8. Jahrhunderts n. Chr., umfassend die Römische Kaiserzeit, die Völkerwanderungsperiode und die sogenannte nachrömische Zeit). Zahlreiche römische Münzen; einzelne römische Gläser; römische Silberschalen aus Hammersdorf, Kr. Heiligenbeil; im Stil der altgermanischen Tierornamentik verzierte Gewandnadeln (Fibeln) und Schnallen. Diese Gräberfelder erstrecken sich vielfach über mehrere Jahrhunderte und sind oft in den späteren Perioden von neuem belegt worden, viele von ihnen sind systematisch ausgegraben, beispielsweise im Samland: Dollkeim, Grebieten, Schuditten; im Ermland: Warnikam, Daumen, Kellaren; in Masuren: Klein Koslau, Lehlesken, Moythienen, Gonschor; in Litauen: Schernen, Oberhof, Greyszönen, Rubocken, Weszeiten. — Wikingerzeit (9.—11. Jahrhundert n. Chr., Grabfelder und Brandplätze, z. T. noch in die nächste Periode hineinreichend): Geschlossene Funde, z. B. aus dem Wäldchen Kaup bei Wiskiauten und Ekritten, Kr. Fischhausen, Löbertshoff, Kr. Labiau, Schulstein, Kr. Königsberg; Silberdepotfund von Marienhof, Kr. Sensburg; Hacksilberfunde. — Jüngste heidnische Zeit (12.—14. Jahrhundert n. Chr.): Grabfunde aus dem Kunterstrauch zwischen Wiekau und Wargenau, Kr. Fischhausen, Kinderhof, Kr. Gerdauen, Stangenwalde auf der Kurischen Nehrung, Ragnit.

Ausserdem ist Vergleichsmaterial aus anderen Provinzen und Ländern vorhanden.

## II. Geschichtliche Zeit.

**Herrschaft des Deutschritterordens in Preussen** (1226 bis 1525); Modelle von Burgbergen, z. B. vom Galtgarben und den Hausenbergen bei Germau, Wilhelmshorst und Kraxtepellen. Urkunde der Verleihung Preussens an den Orden durch Kaiser Friedrich II. vom Jahre 1226 (Photographie nach dem Original). Farbige Nachbildung eines im Dom befindlichen Wandgemäldes aus dem 14. Jahrhundert mit Darstellungen von Deutschordensrittern. Ordensschwerter und Lanzen. Auf dem Tannenberger Schlachtfeld gefundene altrussische Fussknechtslanze. Altrussische Helme aus Kowno und von Friedrichsberg, Kr. Königsberg. Sporen und Steigbügel. Steinerne Geschützkugeln. Töpfe und Krüge, bronzene Grapen mit drei Füssen. Verzierte glasierte Ofenkacheln. Bauglieder und Architekturstücke von Ordensschlössern. Kirchliche Altertümer (Altarschreine mit geschnitzten Heiligenbildern, Epitaphien, Stickereien, Gebetbücher).

**Herzogliche Zeit** (16. und Anfang des 17. Jahrhunderts): Gesichtsmaske des Herzogs Albrecht. Seidenstickereien von einer Tischdecke. Eine der 12 magischen Münzen, die Herzog Albrecht auf Veranlassung des Betrügers Scalichius schlagen liess. Schwerter, Kampfmesser, Dolche, Streitäxte, Jagdspeere, Helme, Turnierlanzen. Kaminplatten aus Eisenguss. Grosser Schrank der zweiten Gemahlin des Herzogs Albrecht, Anna Maria von Braunschweig, mit Wappenmalerei. Widmungstafel vom Jahre 1584 zur Herstellung der Gesundheit des kranken Herzogs Albrecht Friedrich, mit dem Bildnis dieses Herzogs. Gebetbüchlein der Kurfürstin Anna von Brandenburg, geb. Herzogin von Preussen, Gemahlin Johann Sigismunds.

**Zeit der Kurfürstlichen und Königlichen Herrschaft** (17.—19. Jahrhundert): Sturmhauben, Visierhelme, Pikenierhut und Rüstung, Reiterrüstung, Steigbügel und Sporen, Hellebarden, Armbrüste, Wallbüchsen, Pallasche, Degen und Säbel, Hirschfänger, Gewehre, Pistolen und Revolver. Becher und Humpen, Krüge und Gläser. Schnupftabaksdosen. Fayence- und Porzellansachen. Kronleuchter. Uhren. Haus- und Küchengeräte. Möbel. Musikinstrumente. Kirchliches Gerät (Abendmahlskelche). Zunftaltertümer und Innungssachen. Gewerkfahnen. Kleidungs- und Uniformstücke, Ständeuniformen. Stickereien und Webereien, auf Atlas gedruckte Geburtstags-

und Hochzeitsgedichte. Erinnerungen an die Befreiungskriege (Degen des Majors Friccius; Litewka, Pallasch und Tschako des Ostpreussischen freiwilligen National-Kavallerie-Regiments; Bildnisse, Büste und Totenmaske der Königin Luise; Spottbilder auf Napoleon). Büsten und Bildnisse bekannter Persönlichkeiten. Erinnerungen an Kant (Totenmaske, Bilder, Briefe, Schreibpult, Spazierstock, Hut, Handschuhe). Bilder und Pläne Alt-Königsbergs. Münzen und Medaillen. Ermländische und Litauische Sachen.

**Ethnographisches Museum.** Die in den unteren Räumen des Prussia-Museums aufgestellte völkerkundliche Abteilung enthält zumeist aus Schenkungen herrührende Sammlungen, vorzugsweise aus unserem afrikanischen Kolonialbesitz und aus den Südseeinseln sowie aus Ostasien. Die dort deponierte Peisersche Vorderasiatische Sammlung umfasst ausser wertvollen Fundstücken aus Vorderasien und Ägypten etwa 100 meist unveröffentlichte Keilschrifttafeln aus Ton.

2. **Bernsteinsammlung der Universität.** Lange Reihe 4. Geöffnet mit Ausnahme der grossen Festtage sonntäglich von 11—1 Uhr. Sonst für Fremde nach Meldung beim Kastellan. Die Sammlung birgt ein reiches Anschauungsmaterial, das die Bildungsweise und die verschiedenen Farbenvariationen des Bernsteins erläutert. Ausserdem sind Proben der bernsteinführenden Schichten und deren Fossilien sowie die dem Bernstein mehr oder weniger verwandten Harze verschiedenster Herkunft ausgestellt. In den Schaukästen liegen ca. 2000 tierische und pflanzliche Einschlüsse aus. Die Wände sind mit von geologischen Gesichtspunkten aus aufgenommenen Bildern des Bernsteinstrandes geschmückt.

In dem ersten Stock desselben Gebäudes sind die geologischen Sammlungen des früheren Provinzialmuseums, jetzt Eigentum der Universität, untergebracht, während die archäologische Sammlung der Prussia überwiesen ist. Die geologische Sammlung enthält unter ihren 6000 Nummern Fossilien und Gesteinproben ostpreussischer Diluvialgeschiebe und solcher des tieferen Untergrundes. Zum Vergleiche sind mehrfach Funde angrenzender Gebiete, z. B. Jura-Fossilien von Popiliani im Gouvernement Kowno ausgestellt. Die Sammlungen sind nach Formationen historisch-geologisch geordnet, innerhalb dieser Anordnung zoologisch. Die vereinigten Sammlungen dürften

Abb. 14. Königl. Schloss, Westseite.

demnächst einem neu zu gründenden geologisch-paläontologischen Institut der Universität angegliedert werden.

3. **Stadtmuseum.** Königstrasse 57 (Kunstakademie), 2 Tr. Geöffnet unentgeltlich an den Sonn- und Feiertagen von 11 bis 2, an den Wochentagen (mit Ausnahme des Montags) von 11 bis 1 Uhr. Zu anderer Zeit wende man sich an den Kastellan, dessen Wohnung am Aufgang angegeben ist. Etwa 300 Gemälde und Bildwerke. Wegen der beschränkten Räume hängt nur ein Teil der Bilder. Die Sammlung zeichnet sich durch den Besitz sehr wertvoller Gemälde des 19. Jahrhunderts aus, von denen ganz besonders die durch die Jahrhundertausstellung in Berlin wieder ans Licht gezogenen bedeutenden Landschafter gut vertreten sind, sowie aber auch durch eine Reihe guter Bildnisse von Staatsmännern und Gelehrten. Verzeichnis 50 Pf

Die wichtigsten Kunstwerke sind: Nr. 3. Neide, v. Gossler, Kanzler und Oberlandesgerichtspräsident. Nr. 6. Heydeck, von Horn, Oberpräsident von Preussen. Nr. 9. Heydeck, Immanuel Kant. Nr. 11. Rosenfelder, Bessel, Geh. Regierungsrat und Professor der Astronomie. Nr. 13. Unbekannt, Hamann, der Magus des Nordens. Nr. 16. Jernberg, Kirchausgang im Winter. Nr. 17. Dettmann, Blühende Gräber. Nr. 18. Heichert, Ora et labora. Nr. 19. Dettmann, Das Abendmahl. Nr. 20. Jernberg, Alte Brücke im Winter. Nr. 21. Defregger, Männlicher Studienkopf. Nr. 22. Achenbach, Andr., Holländische Mondscheinlandschaft. Nr. 23. Schleich, Die Isarauen bei München. Nr. 24. Diez, Das Verhör. Nr. 26, Achenbach, Andr., Strand bei Scheveningen. Nr. 28. Kalkreuth, Lac de Gaube in den Hochpyrenäen. Nr. 30. Rantel, Kirchengänger. Nr. 32. Knaus, Zigeunerrast. Nr. 33. Schleich, Landschaft aus Bayern. Nr. 35. Brendel, Eine Schafherde. Nr. 36. Wildt, Die Märtyrerin. Marmorbüste. Nr. 37. Lenbach, Fürst Bismarck. Nr. 38. Spitzweg, Landschaft. Nr. 39. Defregger, Weibliches Bildnis. Nr. 40. Lier, Abendlandschaft mit Schafen. Nr. 41. Bokelmann, Konfirmation in Nordschleswig. Nr. 42. Lier, Herbstmorgen. Nr. 43. Schmidt, Düne an der Ostsee. Nr. 44. Köpping, Die unbekannte Blume. Radierung. Nr. 47. Menzel, Beschneiter Tannenbaum. Nr. 48. Uhde, Mädchen im Hausgarten. Nr. 49. Menzel, Trient. Nr. 50. Menzel, Blick durch eine offene Tür. Nr. 51, Kühl, Brücke in Dresden. Nr. 52. Engel, Meeresleuchten. Nr. 53. Liebermann, Kinder aus der Schule kommend. Nr. 55. Harrmann, Amsterdam. Nr. 56. Baisch, Fischfang an der

Nordsee. Nr. 57. Liebermann, Mann in den Dünen. Nr. 58. Corinth, Im Garten. Nr. 59. Dettmann, Friesische Frauen verlassen den Friedhof. Nr. 60. Trübner, Schloss Hamsbach. Nr. 61. Corinth, Weiblicher Akt. Nr. 63. Friese, Elch im Schnee. Nr. 65. Bracht, Der Heidebach. Nr. 66.

Abb. 15. Kaiser Wilhelm-Denkmal.

Grützner, In der Klosterküche. Nr. 67. Friese, Bredkuller Moor. Nr. 69. Scherres, Einsame Hütten im Moorlande. Nr. 70. Kauffmann, Eine lustige Geschichte. Nr. 72. Defregger, Verbotene Jagd. Nr. 75. Lessing, Ein betender Mönch am Sarge Heinrich IV. Nr. 76. Scheffer, Trauernde Mutter. Nr. 79. Isabey, Vor Anker liegende Schiffe. Nr. 82. Delaroche, In der Bartholomäusnacht. Nr. 83.

Blechen, Mondscheinlandschaft. Nr. 84. Blechen, Landschaft mit Büffeln. Nr. 86. Scheffer, Unglückliche Familie. Nr. 87. Robert, Eine Procidamerin ordnet ihre Haare. Nr. 88. Pauwels, Verfolgung der Protestanten in den Niederlanden. Nr. 89. Steffeck, Ein Gespann Büffel. Nr. 90. Roqueplan, Die kranke Mutter. Nr. 91. Roqueplan, Fischzug. Nr. 93. Blechen, Ruine einer Kapelle. Nr. 95. Jordaens, Ein Faun. Nr. 97. Wagenbauer, Inntal bei Niederaudorf. Nr. 98. Piloty, Äbtissin des Klosters Frauenchiemsee im 30jährigen Kriege. Nr. 99. Waldmüller, Sonntagnachmittag. Nr. 100. Wagenbauer, Ruine Falkenstein. Nr. 101. Bürkel, Wirtshaus im Dorfe Zirl. Nr. 104. Lancret, Zärtliche Unterhaltung. Nr. 109. Vlieger, Ruhige See. Nr. 110. Rugendas, Reitergefecht. Nr. 111. Teniers, Landschaft. Nr. 112. Hals, Zwei lachende Kinderköpfe. Nr. 113. Flinck, Studienkopf. Nr. 115. Kranach, Bildnis Luthers und Melanchthons. Nr. 116. Rosenfelder, Besitznahme der Marienburg. Nr. 117. Max, Der Sachverständige. Nr. 118. Hiddemann, Dilettantenquartett. Nr. 120. Brandt, Ukrainische Kosaken. Nr. 121. Achenbach, Osw., Strand bei Neapel. Nr. 123. Defregger, Andreas Hofers letzter Gang. Nr. 126. Vautier, Sonntagnachmittag. Nr. 129. Defregger, Tirolerin. Nr. 131. Spangenberg, Luthers Einzug in Worms. Nr. 132. Marx, In Deutschland im Jahre 1806. Nr. 133. Feldmann, Vorm Heidedorf. Nr. 137. Allegorie von Lukas Kranach. Nr. 140. Cauer, Stirnbinder, Bronzestatue. Nr. 141. Dettmann, Abschied. Nr. 143. Jernberg, Pregelufer bei Tauwetter. Nr. 144. Becker, Die Ziegelei. Nr. 145. Corinth, Gott Bacchus. Nr. 146, Friedrich, Kaspar David, Landschaft. Verschiedene Kantbildnisse.

5. **Teicherts Kunstsalon und Kunstsalon von Riesemann u. Lintaler,** Gr. Schlossteichstrasse 8 und Französ. Strasse 5, mit ständiger, unter künstlerischem Beirat zugelassener Ausstellung auf dem Gebiet der darstellenden Kunst. Eintritt 50 Pf.

6. **Kunstgewerbemuseum,** Vorderrossgarten 49. Geöffnet Donnerstag von 10—1, Sonntag von 11—1, Lesezimmer täglich von 10—1 Uhr. Gegründet 1877 vom Gewerbe-Zentralverein der Provinz Ostpreussen. Beherbergt eine bedeutende Sammlung von kunstgewerblichen Gegenständen der mannigfaltigsten Art. Erwähnenswert sind die Schlosser- und Kunstschmiedearbeiten, namentlich eine reichhaltige Sammlung von Schlössern vom 16. Jahrhundert bis auf die Neuzeit. Nicht minder reichhaltig ist

die Sammlung an Möbeln und sonstigen, aus Holz gefertigten Gegenständen. In der Keramik sind an erster Stelle die Königsberger Fayencen zu nennen, die reichhaltigste Sammlung dieser Art. Reich vertreten sind auch die Sammlungen von Meissener, Berliner etc. Porzellan. Besonderer Beachtung erfreuen sich ferner die Silbersammlungen, zu welchen gerade in letzter Zeit seltene Stücke von hohem Werte gekommen sind, sowie die mannigfachen Kirchengeräte aus christlichen Kirchen sowie von solchen, wie sie beim jüdischen Gottesdienst anlässlich der verschiedenen Feste Verwendung finden. Auch auf das Lesezimmer sei aufmerksam gemacht, in welchem neben technischen Zeitschriften die Patentschriften des Kaiserlichen Patentamts aus Berlin zur Einsicht ausliegen.

7. **Archäologische Sammlungen der Universität,** Königstrasse 65/67. Geöffnet unentgeltlich Sonntag von 11 bis 2 Uhr, sonst Anmeldung beim Kastellan. Die Sammlung enthält Abgüsse der griechischen und römischen Plastik sowie Nachbildungen der mykenischen Goldfunde in Bronze, auch Abgüsse moderner Meister.

8. **Kupferstichkabinett** im Universitätsgebäude, zwei Treppen rechts, letzte Tür. Geöffnet mit Ausnahme der Universitätsferien jeden Dienstag und Freitag von 2 bis 4 Uhr. Das Kabinett enthält Stiche der Werke der meisten Künstler vom Mittelalter bis auf die Neuzeit. Man wende sich an den aufsichtführenden Assistenten und verlange das Vorlegen der Künstlermappen, die man besichtigen will. Direktor: Professor Dr. Haendtke. Assistent: Akademischer Maler Anderson.

9. **Münzkabinett** in der Universität. Nur mit Genehmigung des Direktors (Prof. Dr. Rossbach) zu besichtigen. Eine sehr wertvolle Münzsammlung befindet sich auch im Prussia-Museum, darunter Brakteaten aus der Ordenszeit.

10. **Zoologisches Museum,** Sternwartstr. 1/2. Geöffnet Sonntag von 11—1 Uhr. Fremde erhalten auch zu anderer Zeit von der Direktion die Erlaubnis zur Besichtigung, wenn der Betrieb der Anstalt es gestattet. In betreff der Benutzung der Sammlung zu Studienzwecken wolle man sich an den Direktor Geheimrat Professor Dr. Braun wenden.

Nach Zonen geordnet, gibt das Museum ein übersichtliches Bild über das gesamte Tierleben in den einzelnen Gebieten.

11. **Königsberger Tiergarten,** Hauptstrasse 9. Geöffnet täglich in den Sommermonaten (Mai bis Ende September) von 7 Uhr morgens bis 11 Uhr abends, in den

Abb. 16. Hauptportal Tiergarten.

Wintermonaten von 8 Uhr morgens bis zum Dunkelwerden. — Eintritt pro Person 50 Pf., am Mittwoch 1 Mk., Kinder 20 Pf. An den billigen Volkstagen (erster und dritter Sonntag im Monat) beträgt das Eintrittsgeld

25 Pf. pro Person, für Kinder 10 Pf. Mitgliedskarten à 10 Mk., Jahreskarten für Angehörige der Mitglieder à 3 Mk., für Kinder à 1,50 Mk. Jahresdauerkarten für Einzelstehende à 5 Mk. Semesterkarten für Studierende der Universität und der Kunstakademie à 3 Mk. Wegen Ermässigung des Eintrittsgeldes für Schulen, Vereine etc. wolle man sich an die Direktion des Tiergartens wenden.

Der Königsberger Tiergarten gehört seiner ganzen Anlage nach zu den besten und schönsten zoologischen Gärten Deutschlands und ist auch als Park ein beliebter Aufenthaltsort sowohl für Einheimische wie Fremde. Der Tierbestand umfasste am 31. Dezember 1909 405 Arten mit 2095 Stück. Wikingerboote im Besitz der Prussia. Sommer und Winter täglich Konzerte, im Sommer im Freien, im Winter in der Konzerthalle. Im Sommer, Sonntag und Mittwoch, Doppel-, Montag Symphoniekonzert. — Grosse Festhalle, mit Orgel, mit Nebenräumen, 8000 Personen fassend. Im Winter gleichzeitig Rollschuhbahn, im Sommer Rollschuhbahn im Freien. Restaurants, Weinstuben, Konditorei, Milchkuranstalt, Volksrestaurant, Lesehalle, Lawn Tennisplätze in der Halle und im Freien, einzige Rollschuhbahn Deutschlands im Freien. Spielplätze für Kinder, Aussichtsturm (Besteigen 10 Pf.), Leuchtfontäne, Fischbrutanstalt, Aquarium. — Elektrische Bahnverbindung bis zum Schluss der Konzerte nach allen Stadtteilen.

Offizieller Führer durch den Tiergarten an der Hauptkasse. Preis 15 Pf.

12. **Botanischer Garten.** Besselstrasse 3. Geöffnet vom 1. Mai bis zum 1. Oktober täglich (ausser Sonnabend) von 2—6 Uhr. Für Fremde jederzeit nach Meldung bei der Direktion des Gartens. Sehenswertes Alpinum.

13. **Schulmuseum** für Elementarlehrer, im Altstädtischen Gymnasium, parterre, Zimmer fünf und sechs, Eingang von der Hofseite, geöffnet Mittwoch und Sonnabend von 4 —5 Uhr mit Ausnahme der Schulferien. Enthält eine ständige Lehrmittelausstellung (Karten, Abbildungen, Modelle etc.) für den Volksschulunterricht nebst einigen Erinnerungen an Dinter und andere Königsberger Schulmänner. Mit dem Museum ist eine Bibliothek, die neben den neuesten Erscheinungen auf dem Gebiete der Volksschule auch schätzenswerte Sachen älteren Datums enthält, für die städtischen Lehrkräfte verbunden. Verwalter: Rektor Danziger, Mitteltragheim 7.

Abb. 17. Kantdenkmal.

## B. Kant-Erinnerungen.

Über Kants Begräbnisstätte, Wohnhaus, Denkmal und Gedächtnistafeln s. S. 94, 115, 117.

Das Prussiamuseum birgt u. a. Kants Schreibpult, Hut, Spazierstock, Handschuhe, seine Totenmaske und ein Originalporträt von Vernet. Die Sammlung der Buchhandlung von Gräfe & Unzer, Paradeplatz, enthält 110 Kantnummern, darunter das älteste Originalbild des Philosophen vom Jahre 1768 von Becher. Reichhaltige Literatur über Kant auch in den Antiquariaten von Koch am Paradeplatz und Raabe Nachf. in der Französischen Strasse. Ein Originalgemälde von Kant besitzt auch die Todtenkopfloge Hintertragheim. Die Originalbüste von Hagemann (Schadow) im Senatszimmer der Universität, Manuskripte und Briefe von Kant sowie die erste Einzelausgabe seiner Werke in der Königlichen Bibliothek. Wertvolle Manuskripte und handschriftliche Kollektaneen zu Kants Leben und Wirken weist auch die Stadtbibliothek auf. Kants Tafelrunde zeigt das Dörstlingsche Bild im Vorzimmer zum Sitzungssaale der Stadtverordneten. Noch sei an das Forsthaus Moditten (vor dem Steindammer Tor, 8 Kilometer) erinnert, wo Kant im Sommer öfters weilte, sowie an den von Kant fast täglich aufgesuchten Philosophendamm, der jetzt freilich infolge der Erbauung der Eisenbahn sehr verändert ist.

## C. Andere Sehenswürdigkeiten.

1. **Die Königlichen Gemächer im Schloss.** Besichtigungszeit im Sommer von 10—2 Uhr (Sonntags von 11 bis 2 Uhr), im Winter von 11—2 Uhr. Eingang vom Schlosshof durch die Tür der kleinen Vorhalle. An derselben befindet sich eine Tafel, die die Besuchszeit angibt. Eintrittskarten à 25 Pf. bei dem Kastellan im ersten Stock. Der Betrag ist zu wohltätigen Zwecken bestimmt.

**Rundgang:** 1. Im Treppenhause über dem Kabinettschränkchen: Simson und Delila. Ölgemälde, angeblich von Rembrandt. Neben den beiden Eingängen zu den Königlichen Gemächern: Amor, Kopie nach Parmegianino 1503—1540 — Madonna, Venetianische Schule — Wahrsagerin, holländische Schule — Graupen bei Teplitz und Schlossgarten in Teplitz von Hasenpflug. — Seesturm, von Prinzessin Luise von Mecklenburg-Schwerin — Capo di monte bei Neapel von C. Rose — Die Ehebrecherin vor Christus, Maler unbekannt. — La danse des paysans nach Rubens.

Abb. 18. Schlosshof.

**Fliesensaal,** 15,4 m lang, 9,2 m breit, ehemaliger Speisesaal des Herzogs Albrecht Friedrich. — Decke, Holztäfelei aus dem 17. Jahrhundert. Geschnitztes Rahmenwerk mit herabhängenden Knäufen. In den Feldern in der Mitte Darstellung der vier Jahreszeiten, rings herum Landschaften, sowie Szenen biblischen und mythologischen Inhalts. — Möbel aus der Empirezeit. — Ölgemälde: Venus und Adonis, Rubens oder seine Schule — Apollo und Daphne, von Carlo Cignani 1628—1719 — Bronzebüste Friedrichs I. von Stürmer.

Abb. 19. Nordostseite des Schlosses.

**Zimmer der Oberhofmeisterin.** Sehr schöne Ledertapete: Naturalistisches Blumenrankenwerk auf dunklem Grunde. Decke, getäfelt, 17. Jahrhundert. In der Mitte Maria mit dem Jesuskinde, in den Eckmedaillons die vier Evangelisten. Dazwischen an den Querseiten der Glaube und die Hoffnung; an den Längsseiten: Christus predigend unter Zuhörern in der Tracht des 17. Jahrhunderts, und Christus und die klugen und törichten Jungfrauen. — Ölgemälde: Der grosse Kurfürst und seine erste Gemahlin, 1649 von Cziwiezek, von dem auch ein Bild des Kurfürsten im Charlottenburger Schlosse hängt. An der Längswand: Der Raub der Sabinerinnen von dem Holländer Wieling,

17. Jahrundert. Gegenüber: Früchtestück von einem unbekannten Maler; Mars und Venus, angeblich von Rubens. Neben der Tür vom Fliesensaal ein ausgezeichnetes Bildnis des Grafen von Bongas aus der italienischen Schule.

Von hier aus führt links die Tür nach den Gastzimmern, die für gewöhnlich dem Publikum nicht gezeigt werden, durch die man zu dem schönsten Zimmer des ganzen Schlosses, dem Geburtszimmer (?) Friedrichs I. gelangt. Das Zimmer, kaum 10 qm gross, ein Juwel der Frührenaissance. Kopie der vorzüglichen Täfelung im

Abb. 20. Innerer Schlosshof.

Hohenzollern-Museum in Berlin. Zur Besichtigung dieser Zimmer bedarf es der besonderen Erlaubnis. An das Zimmer der Oberhofmeisterin schliesst sich rechts an:

**Das Schlafzimmer der Oberhofmeisterin.** Ölgemälde: Die Königin Luise, den kleinen Prinzen Friedrich vor ein Bronzebild der Minerva führend.

Die beiden folgenden Zimmer sind Durchgangszimmer. Im ersteren; zwei schilfsammelnde Knaben, Behrendsen, — Christus vor Pilatus, Maler unbekannt. Im zweiten, bereits im Neubau: Die Versöhnung Esaus mit Jakob und seinen Weibern, Maler unbekannt. Es folgt:

**Schlafzimmer der Kaiserin,** moderne Rokokoausstattung vom Hoftischlermeister Radtke. Ölgemälde: Der heilige Sebastian mit Maria und dem Christuskinde. — Stillleben. — Zwei Harzlandschaften von Triebel.

**Zimmer der Kammerfrau.** Rokokoschrank; Ölgemälde: Die Insel Wight von Max Schmidt, Küste von Sorrent und Cervara von Emil Richter.

**Fahnensaal.** In der abgestumpften Ecke desselben das Gestell zur Aufnahme der Regimentsfahnen bei Anwesenheit Seiner Majestät. Die zusammengerollte Fahne, die hier steht, ist polnischen Ursprungs aus der Zeit Kasimirs. — Löwensofa aus der zweiten Hälfte des 17. Jahrhunderts. — Zwei Danziger Schränke in reicher Barockschnitzerei, der eine mit der Emmausszene, der andere mit den vier Elementen in den Türzwickeln. — Barocker Tisch. — Ölgemälde: Graf von Moltke, von Heyden. — Die bis dahin erwähnten Zimmer, mit Ausnahme des Fliesensaales, liegen alle nach dem Schlossplatz zu.

Auf der Schlosshofseite schliesst sich an den Treppenraum, den wir zum Aufgang benutzten, zunächst ein Zimmer für die Dienerschaft an. Es folgt dann:

**Das Arbeitszimmer der Kaiserin.** Rokokotapete und Möbel in geblümter Seide. — Spind in Marqueteriearbeit, 17. Jahrhundert. — Gemälde: Über den Türen: Maria, Markgräfin von Bayreuth, Karl Wilh. Friedrich, Erbprinz von Anspach. — Längswand, den Fenstern gegenüber: Der verlorene Sohn, gutes Gemälde aus dem 17. Jahrhundert, Auguste Luise, Herzogin zu Sachsen Weissenfels, geb. 1698. — 1. Querwand: Holländisches Sängerpaar von Valentini, zu beiden Seiten: Maria Theresia und ihr Gemahl Joseph. — 2. Querwand: Königin Luise, von einem unbekannten Maler, ihr zur Seite zwei unbekannte Porträts.

**Audienzzimmer der Kaiserin,** Tapete und Möbel wie im Arbeitszimmer. — Rokokoschränkchen, darauf zwei Vasen und Schale im genre auriculaire. — Gemälde: Den Fenstern gegenüber: Tänzerin Reggiani, die spätere Gemahlin Coccejis, von Antoine Pesne (1683—1747). -- Genreszene von K. Schellbach, 1860. — 1. Querwand: Markgräfin Friederike zu Anspach von Pesne — Eberhardine, Gemahlin Augusts des Starken. — 2. Querwand: Juliane, Gemahlin Friedrichs II. von Dänemark, durch deren Intrigen Struensee starb. — Daneben ein weibliches Porträt, das Antoine Watteau (1684—1721) zugeschrieben wird. — Über den vier Türen: Friedrich Wilhelm, Markgraf zu Anspach — Christian Ernst, Markgraf von Brandenburg-Bayreuth (1644—1712) — Georg Wilhelm, Markgraf von Brandenburg-Culmbach-Bayreuth (1678—1728). — Derselbe noch einmal.

Vom Audienzzimmer der Kaiserin führt eine Tür wieder ins Fahnenzimmer und von hier in den Haupttreppenraum, der vom Schlossplatz her hinaufführt. Es folgt zunächst ein kleines siebeneckiges Durchgangszimmer mit zwei in Silber getriebenen Wandleuchtern aus der Zeit Friedrichs I. Daran schliesst sich:

**Der Schwarze Adlersaal.** So benannt nach dem Friese aus schwarzen Adlern, der sich unter der Decke hinzieht. (Der Schwarze Adlerorden ist hier nicht gestiftet worden.) — Decke im Rokokostil. Auf blauem Himmelsgrunde schwebt die Göttin der Gerechtigkeit mit der Wage in der Hand, an ihrer Seite ein junges Mädchen mit dem Merkurstab. — Die Ledertapete mit gepressten Blumen und Putten auf rotem Grunde wurde von Schloss Stolzenfels hierhergebracht. — Beachtenswert der barocke Schrank. Auf den vier kleinen Konsolen Porträtbüsten von vier Heiligen, nach Boetticher, anscheinend aus gotischer Zeit. — Mässiger Rokokokamin in Stuck mit Landschaften. — Ölgemälde von Friedrich I. Über den Türen fünf Landschaften in Leimfarbe.

**Arbeitszimmer des Kaisers** mit moderner Ausstattung und modernen Gemälden. — Badezimmer und Schlafzimmer des Kaisers mit Rokokotapete und Kommode.

**Audienzsaal des Kaisers.** Moderne rote Seidentapete mit Adlern — Rokokokamin in Stuck. — Schrank in holländischer Arbeit, der Aufsatz mit farbigen Blumen bemalt. — Gemälde: Zwei Landschaften von Friedrich Mouscheron im Claude Lorrainschen Geschmack. — Apotheose des grossen Kurfürsten, figurenreich, gut, Maler unbekannt.

**Thronsaal.** Rote Seidentapete und Baldachin, an den Wänden die überlebensgrossen Porträts der preussischen Herrscher von Friedrich I. bis auf Friedrich III.

**Ahnensaal.** Rokokodecke mit gemalter Galerie, über deren Brüstung Personen herunterschauen. (Diese Deckenmalerei zuerst in Italien angewandt.) Unter der Decke eine alte Stammtafel des Kurfürstlich-Brandenburgischen Hauses vom Grafen Eytel-Friedrich von Zollern bis Albert Friedrich. Die Blutsverwandten sind durch rote Linien verbunden. (Ohne künsterlischen Wert.) Unter dieser Ahnentafel hängen mehrere, zum Teil sehr gute Porträts.

Hervorzuheben ist besonders Johann Sigismund mit seinen Kindern und Maria, Königin von Ungarn, von 1526.

**Spiegelsaal,** so benannt nach den Spiegeln, die die Wände fast vollständig bedecken. Über den sechs Türen hervorragend gute Gemälde: Der grosse Kurfürst, von Jakob Vaillant — seine Schwägerin Amalie, geb. Gräfin von Solms. — Ulrike, Königin von Schweden, die Schwester Friedrichs II. — Sophie Dorothea, Gemahlin Friedrich Wilhelms I. — Wilhelmine, Markgräfin von Bayreuth, die geistvolle Schwester des grossen Friedrich, die uns durch ihre Memoiren besonders bekannt ist. Die drei letzten Gemälde von Antoine Pesne. Vom Spiegelsaal führt eine Tür in zwei kleine Reservezimmer, in denen u. a. von van Dyck ein männlicher Kopf, von Paolo Veronese (?) eine Beschneidung hängt. — In den oberen, dem Publikum nicht zugänglichen Räumen noch viele gute Gemälde, darunter ein Rubens: Der Zinsgroschen, und ein van Dyck: Trunkener Silen.

Vom Ahnensaal führt ein langer gedeckter Gang über den Südflügel des Schlosses nach dem

**Moskowitersaal** über der Schlosskirche, mit dem die Besichtigung schliesst. Grosser Saal, 83 m lang, 18 m breit, 9 m hoch. Mit den Moskowitern hat dieser Saal nichts zu tun. Das alte „moskowitische Gemach“, ein Festraum, in dem Albrecht I. 1576 eine russische Gesandtschaft empfing, befand sich in dem östlichen Teil des Nordflügels, der jetzt die Räume des Oberlandesgerichts umfasst. Der Moskowitersaal dient bei Anwesenheit der kaiserlichen Herrschaften zur Veranstaltung der grossen Hoffestlichkeiten. Von den Fenstern des Vorraums aus geniesst man nach dem Kaiser Wilhelmplatz eine herrliche Aussicht. Die gewölbte Decke zeigt in Schablonenmalerei auf braunem Grunde die Wappen der einzelnen Provinzen sowie des preussischen Staates und der Stammlande Hohenzollern. — Kamin in den Formen der Spätrenaissance (wenig fein), dem Musikchor gegenüber die Statuen des Herzogs Albrecht und des ersten Königs in Überlebensgrösse.

2. **Vorhalle des Königsberger Rathauses.** Haupteingang Brotbänkenstrasse. Meldung beim Botenmeister. Nach Entwürfen des Baurats Papendieck im Jahre 1908 umgebaut. Bemerkenswerte Holzschnitzereien aus dem Anfange des 18. Jahrhunderts. Die vier Ecken der Decke stammen aus einem alten Königsberger Privathause. Alter Fliesenboden. Schöne in Kupfer getriebene Kande-

laber am Treppenaufgang. In einem Fensterpfeiler die zum Gedächtnis des Jubiläums der Städteordnung von Prof. Dr. Walter Simon der Stadt verehrte Büste Steins (von Cauer). An den Wänden mehrere Gemälde preussisch-brandenburgischer Regenten.

3. **Sitzungssaal des Magistrats,** Rathaus, Haupteingang Brotbänkenstrasse. Meldung beim Botenmeister. Sehenswert vor allen Dingen die prachtvolle Stuckdecke aus dem Anfang des 18. Jahrhunderts (Meister unbekannt).

Im Spiegelfeld ein Deckengemälde, das in allegorischer Weise die Krönung Friedrichs I. verherrlicht und von einem doppelten Rahmenwerk aus Stuck eingeschlossen wird.. Dasselbe zeigt schön geschnitztes, durchbrochen und hohl gearbeitetes Laubwerk, mit Blumen, Fruchtschnüren und Ähren, in denen sich schwebende und fliegende Genien tummeln, während die Vertreter der vier Jahreszeiten die Ecken einnehmen. Die geflügelten Träger des Rahmenwerks stehen auf den Voluten-Konsolen der vier Ecken. Am meisten Beachtung haben von jeher die acht überlebensgrossen allegorischen Figuren gefunden, die in der mächtigen Hohlkehle der Decke sitzen. Sie sind, künstlerisch betrachtet, von hoher Formvollendung und tragen alle die Merkmale der niederländischen Bildhauerschule aus der Zeit nach Rubens an sich. Nach E. v. Czihack[1]) stellen sie wahrscheinlich die Tugenden dar, die für die Beratungen an dieser Stelle vorbildlich sein sollen. Jede Gruppe besteht aus zwei Figuren, die durch einen Genius mit einander in Beziehung gesetzt werden. Südwand: Tapferkeit und Herrschermacht. — Westwand: Gerechtigkeit und Milde. — Ostwand: Barmherzigkeit und Eintracht. — Nordwand: Treue und Sanftmut oder Geduld.

An den Wänden des Sitzungssaales die Bilder der preussischen Herrscher und Rechlins Erstürmung des Grimmaer Tores zu Leipzig anno 1813 durch die ostpreussische Landwehr. Daneben hängen Fahnen des ostpreussischen Landwehr-Kavallerieregiments aus dem Jahre 1813.

Auf einem Postamente der bemerkenswerte, von Stadtrat Prof. Dr. Walter Simon geschenkte und nach seiner Weisung ausgeführte Pokal, ein Kunstwerk einheimischer Schmiedekunst. Den Deckel krönt die Gestalt des Hans von Sagan, eines Königsberger Schustergesellen, den die Sage wesentlich zum glücklichen Ausgange der Litauer-

---

1) E. v. Czihack und Walter Simon, Königsberger Stuckdecken, Leipzig 1899.

schlacht bei Rudau (1370) beitragen lässt. In einem Glasrahmen an der Wand eine der wenigen erhaltenen Stadtobligationen aus dem Jahre 1808, welche an die durch die Franzosen der Stadt auferlegte Kriegsschuld erinnert. Im Archivgewölbe des Rathauses werden aufbewahrt ein grosser Willkommen, dessen Deckel die Justitia schmückt sowie eine Prunkkanne mit gotischer Spitze, darunter St. Georg, den Lindwurm tötend.

4. **Der Junkerhof** (Sitzungssaal der Stadtverordneten), Rathaus, Eingang von der Kneiphöfschen Hofgasse. Auch hier beachtenswert die Decke.

Das Deckenbild in der Mitte stammt aus neuerer Zeit; es ist von Professor Heydeck und stellt Apollo und Terpsichore in Begleitung von Amoretten dar. Die Form der Decke ähnlich wie beim Rathaussaal; das Deckenbild wird von einem schwer profilierten Rahmen eingefasst. Die Ecken des Rahmenwerks sind durch grosse Muscheln betont, über denen je ein Puttenpaar in wechselnden, die Momente des Begegnens, Fliehens, Findens und Umarmens darstellenden Stellungen schwebt. — Die Hohlkehle ist erheblich flacher wie die des Rathauses. Aus den Ecken wachsen über dem Gesims stark gewundene Akanthusranken heraus, die eine mit Blattwerk verzierte Vase umgeben. Die Figuren der Hohlkehle stellen die vier Jahreszeiten (Nord- und Südwand) und die vier Elemente (Ost- und Westwand) dar. Die Attribute sind die üblichen: Der Frühling als Flora mit dem Füllhorn, der Sommer als Ceres mit dem Ährenbüschel; der Herbst als Pomona mit dem Reblaub im Haar und der Winter als verhüllte Figur mit Pelzmütze und Feuertopf. — Von den Elementen werden dargestellt: Die Erde durch einen bärtigen Mann mit einem Spaten, das Wasser durch Neptun mit dem Dreizack, die Luft durch einen bartlosen Mann mit wehendem Haar und das Feuer durch einen bärtigen Vulkan mit der brennenden Fackel. Erwähnt sei noch das Gemälde von Dettmann: Besuch von Opitz bei Simon Dach auf den Hufen. Ferner beim Eintritt rechts eine monumentale Uhr mit allegorischem Beiwerk. Altpreusse käschert nach Bernstein. Im Vorzimmer des Junkerhofes Dörstlings Gemälde: Kant und seine Tischgenossen, alle drei Kunstwerke sind nach Anregungen des Ehrenbürgers der Stadt, Stadtrat Professor Dr. Walter Simon, entstanden und von diesem der Stadt geschenkt worden.

5. **Aula der Universität,** Paradeplatz. Meldung im Sekretariat, parterre, rechts, letzte Tür. Besichtigungszeit

Abb. 21. Die Universität.

täglich, auch Sonn- und Feiertags zu jeder Tageszeit. (Siehe die runden Plakate in der Tür.)

Eine Hauptzierde derselben bilden die kostbaren Wandgemälde. Sie stellen die vier Fakultäten dar, von denen die Theologie und die Philosophie noch je zwei, die Rechte und Medizin je ein Nebenbild haben. An der Kathederwand die Theologie: Pauli Predigt in Athen, von Professor Rosenfelder, daneben die Musik: David spielt vor Saul die Harfe, und die Dichtkunst: Homer trägt den Griechen seine Gesänge vor, beides von Professor Heydeck. — An der Wand vom Eintretenden links: die Philosophie: Sokrates trinkt den Giftbecher. Daneben links die Geschichte: Herodot, der Vater der Geschichtsschreibung, rechts die Mathematik: Archimedes während der Einnahme von Syrakus. Alle drei Bilder von Professor Piotrowski. An der Eintrittswand die Rechte: Archonten und Buleuten von Athen beschwören die Gesetze Solons, von Professor Gräf, links davon die Beredsamkeit: Demosthenes empfängt als Dank des Volkes den Kranz, von Rosenfelder. — Die Medizin: Hippokrates am Krankenbette, ebenfalls von Rosenfelder. Nebenbild, die Naturwissenschaft: Aristoteles erhält Tiere fremder Länder von Alexander dem Grossen, von Professor Neide. — Im Fensterbau die Kunstgeschichte: Phidias zeigt Perikles und der Aspasia den Schild der Athene im Modell, von Gräf, und die Astronomie: Ptolemäus auf der Sternwarte in Alexandrien, von Neide.

Im Senatszimmer neben dem Auditorium maximum: die Büsten Kants, von Hagemann, einem Schüler Schadows, Hagens, von Wichmann, Wagners, von Siemering; die Ölgemälde: der 13jährige Kronprinz Friedrich Wilhelm (IV.) anno 1808, von Knorr, und Kaiser Friedrich III. als Kronprinz im Ornate des Rektors bei der Einweihung des Universitätsgebäudes 1862, von Lauchert. — Im anstossenden Prüfungszimmer das Porträt des Philosophen Rosenkranz, des ersten Prorektors der neuen Universität (gestorben 1879).

Erwähnt seien noch die in dem oberen Treppenflur der Universität ausgehängten Bilder, die Ansichten der schönsten Partien der Provinz Ostpreussen und bedeutender neuerer wie älterer Bauwerke enthalten, sowie das in der äusseren Wandelhalle angebrachte Medaillonbild des Physikers Franz Neumann († 1895).

6. **Aula des Wilhelmsgymnasiums,** Hintertragheim. Meldung beim Kastellan.

Sehenswert ihrer Wandgemälde wegen. Hauptgemälde von Professor Steffeck: Einzug des Hochmeisters Siegfried von Feuchtwangen in die Marienburg 1309. Zu beiden Seiten: Friedrich Wilhelm III. im Gespräche mit York und Gneisenau, und die Königin Luise mit ihren beiden ältesten Söhnen in Luisenwahl. — An der gegenüberliegenden Wand drei Bilder von Professor Neide: Einsetzung der evangelischen Kirchenordnung durch Herzog Albrecht 1525, seitwärts: Kant und Fichte im Gespräche und Koppernikus in seinem Observatorium. — Die den Fenstern gegenüberliegende Wand ist mit einem Fries von Professor Georg Knorr, Königsberg, geschmückt, der in vier Bildern die geistige Ausbildung der männlichen Jugend in vier verschiedenen Epochen darstellt: Sokrates von seinen Schülern umgeben; Mittelalterliche Klosterschule; Erasmus und Reuchlin; Konferenz preussischer Staats- und Schulmänner im Beginn des 19. Jahrhunderts. — Über der Eingangstüre die Bronzebüste Wilhelms I., von Reusch.

7. **Aula des Altstädtischen Gymnasiums,** Altstädtische Langgasse, Meldung beim Kastellan.

Wandgemälde: Die Olympischen Spiele, von Dörstling. Das Stadion von Olympia, Wettlauf, von Bischoff-Kulm. Seitenbilder: Ringkampf und Diskuswurf, von E. Dörstling, Königsberg.

8. **Sitzungssaal des Landeshauses,** Königstrasse. Meldung beim Kastellan.

Im Saale das 7,30 m breite und 3,3 m hohe Gemälde von Brausewetter: „Yorks Ansprache an die Stände am 5. Februar 1813.“

9. **Silberbibliothek des Herzogs Albrecht**[1]) in der Königlichen Bibliothek, Mitteltragheim. Meldung beim Direktor der Bibliothek.

Die Bibliothek besteht aus 20 Bänden (14 Folio, 4 Quart, 2 Oktav) kirchlicher Erbauungsschriften, deren silberne Einbände einen hervorragend künstlerischen Wert besitzen. Teils Königsberger, teils Nürnberger Arbeit. Besichtigung nach eingeholter Erlaubnis des Direktors.

---

1) Vergl. Schwenke und Lange, Die Silberbibliothek des Herzogs Albrecht. Leipzig 1894.

## D. Hervorragende Bauten der älteren Zeit.

### 1. Das Königliche Schloss.

Im Mittelpunkte der Stadt. Ein mächtiges Viereck, das einen 105 m langen und 67 m breiten, mit Rasenanlagen geschmückten Hof umschliesst. Nach drei Seiten hin frei gelegen, wird dasselbe im Westen vom Gesekusplatz, im Norden von der Schlossstrasse, im Osten vom Schlossplatz begrenzt.

Von den heut vorhandenen Bauten stammen:

1. **Aus der Ordenszeit:** 1. Die westliche Hälfte des Nordflügels an der Schlossstrasse bis zum vorspringenden Bau vor dem Oberlandesgericht. (Soweit nur erstreckte sich wahrscheinlich der Nordflügel des alten Ordensschlosses[1]). An einen viereckigen Turm schloss sich der Ostflügel an, der spurlos verschwunden ist. Die alte Ordensburg umfasste also nicht das ganze Terrain des heutigen Schlosses. 2. Der achteckige Haberturm am Herzog Albrechtdenkmal. 3. Pechnase, Halbrundturm und der untere Teil der Südfront. 4. Die gewaltigen Kellergewölbe.

2. **Aus herzoglicher Zeit.** 1. Der Portalbau am Schlossplatz. Die Verlängerung des Nordflügels bis zum Haberturm. 3. Der Südflügel. Diese drei Bauten wurden unter Albrecht I. ausgeführt. Markgraf Georg Friedrich von Ansbach, der Vormund Albrechts II., baute dann 1584—94 den Westflügel mit der historischen Schlosskirche aus.

3. **Aus königlicher Zeit** stammt die Südhälfte des Ostflügels, der sogenannte Schlüterbau, 1705—12 nicht durch Schlüter, sondern durch Schultheiss von Unfried erbaut. Er besteht aus Erdgeschoss, Mezzanin und zwei Stockwerken. Als einziger Schmuck dienen die das Gesims tragenden Konsolen mit Masken und herabhängenden Fruchtschnüren.

Beschreibung:

1. **Das Hauptportal** ist noch wesentlich in seiner alten Gestalt erhalten: ein Vorbau mit zwei Ecktürmchen, über denen aber die alten Pyramidendächer fehlen. Die schmale Einfahrt wird flankiert durch zwei magere tos-

1) Vergl. C. Beckherrn, Geschichte der Befestigung Königsbergs. 1890.

kanische Säulen mit Gebälk darüber. An der Aussenseite folgende Inschrift:

„Turris fortissima nomen Domini."

d. h. des Herrn Name ist die stärkste Wehr. Darunter die Zahl 1532 und folgende lateinische Verse:

„Parcere subjectis et debellare superbos
Principis officium est, Musa Maronis ait.
Sic regere hunc populum Princeps Alberte memento,
Sed cum divina cuncta regentis ope."

Zu Deutsch:

Unterworf'ne zu schonen und niederwerfen die Stolzen,
Ist des Fürsten Pflicht, Maro verkündets im Lied;
So zu regieren Dein Volk, sei eingedenk, Herzog Albertus,
Sieh' dabei stets auf Gott, sein ist der Welt Regiment.

Zu beiden Seiten das Wappen des Herzogs Albrecht.

2. **Schlosshof.** Betreten wir durch das östliche Portal den Schlosshof, so fällt uns zunächst der links aus dem Albrechtsbau hervorspringende Erker auf. Er gehörte ehemals zu dem Wohnzimmer der vortrefflichen Herzogin Marie Eleonore, die hier ihre Zeit nach der Umnachtung ihres unglücklichen Gemahls, des Herzogs Albrecht Friedrich, einsam vertrauerte.

Das grosse Staatswappen an der Stirnseite des Erkers ist das Wappen des grossen Kurfürsten. 27 Felder; am Adler fehlt bereits der Namenszug des polnischen Königs.

Man wende sich, bevor man weiter schreitet, noch einmal gegen die Toreinfahrt zurück, weil sie in ihrer Enge einen guten mittelalterlichen Eindruck macht. — Im Mezzaningeschoss, links vom Portal, ein hübsches im Frührenaissancestil dekoriertes Fenster.

Über den Schlosshof führte bei der Krönung Friedrichs I. und Wilhelms I. der mit Purpur ausgeschlagene Krönungsweg von den königlichen Gemächern im Ostflügel nach der Schlosskirche im Westflügel. Von dem Altan des Ostflügels nahm Friedrich IV. am 10. September 1840 die Erbhuldigung der preussischen Stände entgegen. Über 20 000 Menschen standen damals auf dem Schlosshof, während der König auf einem Throne sass, der auf dem Altan errichtet war.

3. **Südflügel.** Am Südflügel, in dem sich jetzt die Wohnung des Regierungspräsidenten befindet, beachtenswert das Portal an der kleinen Pforte: Zwei Hermen mit

jonischen Kapitälen, auf denen ein hoher Aufsatz mit Rollwerk und Kartuschen ruht. Derselbe umrahmt das

Abb. 22. Inneres der Schlosskirche.

Bild Herzog Albrechts mit dem Schwerte. Die Linke des Fürsten weist auf die Inschrift: Psalm 56.

„Laus mea sermo Dei, Domini mea gloria verbum
Hac spe non metuam, quid mihi faxit homo.
Albertus D. G. Marchio Brandenb.
Dux Prussiae Anno 1551.“

Zu Deutsch:

Gottes Wort will ich preisen und rühmen des Herrn Gebote,
Was kann mir tun ein Mensch, wenn ich dem Höchsten vertrau.
Albrecht von Gottes Gnaden Markgraf zu Brandenburg.
Herzog von Preussen. Im Jahre 1551.

Auf der andern Seite der Pforte befindet sich auf vorgekragten Steinen ein erkerartiger Vorsprung aus der

Abb. 23. Münzplatz mit der Uferpromenade am Schlossteich.

Ordenszeit, die Pechnase. Sie diente zur Verteidigung der Burg gegen Feinde vom Pregel, die mit siedendem Wasser, Pech oder Öl übergossen werden konnten.

4. Der **Nordflügel** umfasst heute die Räume des Konsistoriums (die Freitreppe in der Nordwestecke ist 1861 angelegt; auch die hier stehende kunstvolle Ritterfigur stammt aus neuerer Zeit), des Geheimen Staatsarchivs und des Oberlandesgerichts. Die hölzerne Galerie an diesem Flügel ist 1728 errichtet, 1814 renoviert. In den Kellerräumen befindet sich hier

das Blutgericht, eine vielbesuchte alte Weinhandlung. Nach der Tradition, die sich aber quellenmässig nicht belegen lässt, soll sich hier die alte Folterkammer befunden haben; daher der Name. Die einzelnen Kellerräume sind im gotischen Ziegelverband gearbeitet mit Rundbogen-, Spitzbogen- und Tonnengewölben. Ein Raum, der in dem nach Norden vorspringenden Turme liegt, heisst Marterkammer. Im Hauptkeller ein grosses Fass mit einem guten Flachrelief in Holzschnitzerei vom Bildhauer Schmidt, den Einbruch der Franzosen in den Weinkeller am Domplatz darstellend. Nur dadurch, dass der eine Inhaber des Geschäfts sich dem eintretenden Oberst als Freimaurer zu erkennen gab, soll die Plünderung abgewandt worden sein (?).

5. Der **Ostflügel**. Im Neubau desselben die bereits im Abschnitt C, Nr. 1 beschriebenen kaiserlichen Gemächer.

6. Der **Westflügel** umfasst die Räume der Schlosskirche über der Durchfahrt nach dem Gesekusplatz und darüber den Moskowitersaal.

7. Die **Schlosskirche**[1]) (zwei Eingänge vom Schlosshof. Der Küster meist von 10—12 anwesend, Wohnung Landhofmeisterstrasse 6).

Ihre gegenwärtige Einrichtung, Altar, Kanzel, Emporen, Königsloge, stammt aus den Jahren 1706—12 und ist von Schultheiss von Unfried, dem Erbauer des Ostflügels. An den Wänden, Chören und Säulen die Wappen sämtlicher Ritter vom Schwarzen Adlerorden. Kanzel und Orgel zeigen die Formen des Barocks. Die Königsloge, im Stile Ludwigs XIV., liegt der Kanzel gegenüber und wird von den Majestäten vermittels einer Treppe, die von dem Gange zum Moskowitersaal hinabführt, betreten. In der Schlosskirche fand die Vermählung des Kurfürsten Johann Sigismund mit Anna, der ältesten Tochter des Herzogs Albrecht Friedrich statt, die den brandenburgischen Hohenzollern die Anwartschaft auf Preussen sicherte. Hier wurde Friedrich I. getauft und gesalbt, und hier nahm auch Wilhelm I. die Krone vom Altar, um sie zu ungeahntem Glanze zu erheben. Die Kirche dient gegenwärtig auch als Militärkirche. Der erste Geistliche derselben ist der Generalsuperintendent der Provinz, der hier auch die Ordination der jungen Geistlichen vollzieht.

8. Der **Schlossturm**, der höchste Turm der Stadt, 1864 bis 1866 nach den Entwürfen Stülers durch Schlossbauinspektor Hecker im gotischen Stile ausgebaut, 82 m über dem Hofpflaster, 94 m über dem mittleren Pregelstand, 95,87 m über dem Meeresspiegel.

---

1) H. Ehrenberg, Die Schlosskirche in Königsberg. 1901.

Abb. 24. Der Dom.

## 2. Der Dom.

Die älteste Domkirche wurde nach 1297 und vor 1302 in der Altstadt zwischen Pregel und Löbe gebaut. Schon um 1330 wurde aber diese Kathedralkirche wieder verlassen und als Ersatz dafür auf dem Kneiphof ein grösserer Neubau, der heutige Dom, in Angriff genommen. Das eigentliche Gründungsjahr ist nicht bekannt. Die erste, auf den Dom bezügliche Urkunde stammt aus dem Jahre 1333. In diesem Jahre wurde der Ostgiebel des hohen Chores vollendet. Derselbe trug einen noch erkennbaren Wehrgang und verriet dadurch die Absicht des Klerus, seine Hauptkirche gleichzeitig als Feste auszubauen, wogegen der Orden als Herr des Landes Einspruch erhob. Die erwahnte Urkunde enthält die Erklärung des Bischofs, dass er sich diesem Einspruch füge. Dieser Ostgiebel mit dem Wehrgange ist noch erhalten. Deutlich ist an beiden Seiten desselben, besonders an der Nordseite des hohen Chors, zu erkennen, wie nun, wo starke Wehrmauern nicht mehr nötig waren, dünnere Wände mit Strebepfeilern unvermittelt an den Giebel angeschlossen wurden. Diese Nordwand des Chores ist der am reichsten und schönsten ausgebildete Teil des ganzen Gebäudes. In auffallendem Gegensatz hierzu steht die Südwand des Chors. Sie lag nicht nach der Stadtseite, hatte nicht zu repräsentieren und litt wohl in ihrer Ausführung darunter, dass Bischof und Hochmeister in dieser Bauperiode starben. Von dem Kreuzgang, der sich an dieser Seite anschloss, sind einige Bogenansätze an der Aussenwand noch vorhanden.

Die Grundrissgestalt des Chors, wie die der ganzen Kirche, ist die für das Ordensland typische. Der Chor langgestreckt, rechteckig geschlossen, wenigstens ideell in Priester- und Ritterchor geteilt, hieran anschliessend die dreischiffige, geräumige Laienkirche mit vorgelagertem Schossbau, dessen unterstes Geschoss auch in unserm Falle durch grosse Bogenöffnungen unter sich und mit der Laienkirche in Verbindung stand.

Die Laienkirche war ursprünglich eine dreischiffige Basilika mit Holzdecke, hatte erheblich niedrigere Wände als jetzt, und über ihrem Dache sassen das Mittelschiff beleuchtende Fenster in der Hochwand. Es sind in der Substanz des Gebäudes selbst Beweise genug dafür vorhanden, dass die Kirche schon um das Jahr 1440 umgebaut und der heutige Zustand hergestellt wurde. Zufügungen aus späterer Zeit sind die oberen Teile der

Türme, der Anbau der Taufkapelle, die Sakristei und die Kindlersche Gruft. Bemerkenswert im Äussern ist noch der Schmuck der Putzflächen mit Freskomalereien in geometrischen Figuren, einer Zierweise, von welcher der Provinzialkonservator Dethlefsen nachgewiesen hat, dass sie der Baukunst des Ordens recht geläufig gewesen ist. Auch im Innern der Laienkirche und des hohen Chores sind eine grössere Anzahl Freskomalereien gefunden und sorgfältig erhalten worden. In der Laienkirche finden sich nur ritterliche Darstellungen, im hohen Chor mit einer einzigen Ausnahme nur solche aus der Heilsgeschichte und Legende sowie solche von symbolischer Bedeutung. Besonders zu nennen ist das schöne Fresko auf der Südseite des Chores in einer vermauerten Fensteröffnung. Die heutige, von Meister Olbers in Hannover ausgeführte Ausmalung ist in engstem Anschluss an die vorgefundenen Reste erfolgt. Die Fenster, von Linemann in Frankfurt a. M. ausgeführt, zeigen in der Nordwand des Chors die Wappen der Hochmeister, in der Südwand diejenigen der Hohenzollernfürsten, welche besondere Beziehungen zum Dome gehabt haben. In den Fenstern der Laienkirche, welche von alten Familien der Provinz und der Stadt Königsberg gestiftet sind, sind Szenen aus der Heilsgeschichte dargestellt. Das mittlere, grosse Fenster der Südseite der Predigtkirche ist ein Geschenk Sr. Majestät und zeigt den Einzug Christi in Jerusalem. Es ist von de Boucher, München, hergestellt.

Im Innern der Laienkirche wären an Ausstattungsstücken zu erwähnen: Die Kanzel, vom Jahre 1588, ein schönes Werk aus gotländischem Sandstein mit einer schmiedeeisernen Tür von hervorragender künstlerischer Feinheit. Aus derselben Zeit stammt die Schranke der Taufkapelle mit ähnlicher Tür. Die Taufe selbst, einer weit früheren Zeit angehörig, ist wahrscheinlich aus dem Norden eingeführt. Der schöne Hochaltar ist ein Wandelaltar, der erst im Laufe der Zeit zu seiner jetzigen eindrucksvollen Form ausgebaut wurde. An ihm haben das 15.—18. Jahrhundert gearbeitet. An der Südwand der Magistratsstand mit guten Intarsien aus dem 17. Jahrhundert. Weniger künstlerischen Wert beansprucht der Fürstenstand im südöstlichen Mittelschiff sowie der Professorenstand. Am Pfeiler links vom Altar eine Madonna von Lucas Cranach. Die Beichtstühle neben dem Altar gehören dem 17. Jahrhundert an, stammen also aus evangelischer Zeit. Die prächtige Orgel vom Jahre 1719 hat jetzt 56 klingende Register und ist von K. Novak gründlich durchgebaut worden. Ganz besonders hervorzuheben ist der Silberschatz der Kirche, welcher Abendmahlskannen, Taufgeräte etc., prächtige Arbeiten aus dem 16. und 17. Jahrhundert, enthält. Unter den Epitaphien der Laienkirche sei auf die drei den 20er Jahren des 15. Jahrhunderts angehörenden Totenschädel als Seltenheiten noch besonders hingewiesen.

**Das Chor des Domes,** von der Laienkirche ehemals durch eine Glaswand getrennt, diente ursprünglich als Gotteshaus für die Domherren; seit der Reformation Fürstengruft, würdige Ruhestätte der Toten aus einem denkwürdigen Abschnitt der Geschichte des Preussenlandes. Hier ruhen die Hochmeister, die in Königsberg residierten mit Ausnahme Friedrichs von Meissen, der in seiner Heimat starb, Albrecht I., Albrecht Friedrich, Kurfürst Georg Wilhelm und verschiedene andere Fürstlichkeiten. Hier ruht auch Georg von Polenz († 1550), der sich im Jahre 1524 als erster Bischof von Deutschland zum evangelischen Glauben bekannte. Der Zinksarg Georg Wilhelms ist als Kunstwerk bemerkenswert. An der Ostwand der Kirche das Epitaph Albrechts I., das die ganze Giebelwand einnimmt. Es ist in Marmor gehaltene holländische Arbeit und um 1590 vollendet. Acht korinthische Säulen tragen das Monument. In vier Nischen stehen hinter je zwei Säulen vier Könige über einander, von denen der eine mit der Harfe David vorstellt. Karyatiden. Glaube, Liebe, Hoffnung darstellend, zwischen denen zwei Genien mit umgekehrten Fackeln stehen, tragen den Sarkophag, auf dem vor dem Betpulte barhäuptig der greise Herzog mit emporgerichtetem Blick sein letztes Gebet verrichtet. Über dem breiteren, mittleren Aufsatz erhebt sich ein zweiter schmälerer, vor dem die Gerechtigkeit mit Wage und Schwert und die Klugheit mit Schlange und Spiegel stehen. In der Mitte befindet sich ein Alabaster-Relief, welches das jüngste Gericht darstellt. An der Nordwand erheben sich die Grabdenkmäler der Herzogin Dorothea, der ersten Gemahlin Herzog Albrechts, und seiner zweiten Gattin Anna Marie, die 16 Stunden nach dem Tode ihres erlauchten Gemahls starb, ersteres von Jakob Binck. An beiden Monumenten erblicken wir vier Karyatiden, welche durch die Attribute als Tugenden bezeichnet werden, die Mässigkeit durch den

Mischkrug, der Glaube durch Kreuz und Gebettafel, die Hoffnung durch den Anker. Beide enthalten in Vertiefungen die Brustbilder der Verstorbenen. Beide Epitaphien sind bedeutend, da sie in der allegorischen Verwertung der Karyatiden Muster für viele, die später errichtet, geworden sind. Bemerkenswert sind das grosse

Abb. 25. Chor des Domes.

sandsteinerne Epitaph der Markgräfin Elisabeth von dem Königsberger Meister Willem vom Bloche, um 1581 vollendet. Die Inschrift desselben: „Mein Zeit Mit Unruh, Mein Hoffnung zu Gott" ist der Wahlspruch Friedrich Wilhelms III. geworden. Auch das prächtige Grabdenkmal des Kanzlers und ersten Präsidenten des Tribunals, Johann v. Kospoth († 1665) von M. Döbel und seinen Söhnen, welches der Grosse Kurfürst errichten liess, sowie das barocke Epitaph des Landhofmeisters J. v. Wallenrodt ist bemerkenswert. Zahlreiche Grabplatten haben bei der jetzigen Wiederherstellung des Domes zur besseren Erhaltung an den Wänden Aufstellung gefunden. Erwähnenswert sind ferner die Tumba des Herzogs Albrecht

Abb. 26. v. Wallenrodtsche Bibliothek im Dome.

und seiner ersten Gemahlin sowie der Zweisitz des Hochmeisters und die Chorherrenstühle, letztere prächtige Schnitzwerke voll köstlichen Humors.[1])

Im nördlichen Turm des Domes war die gräflich v. Wallenrodtsche Bibliothek untergebracht. 1659—89 ge-

1) Vergl. H. Ehrenberg, Die Kunst am Hofe der Herzöge von Preussen, Leipzig 1899.

stiftet, ist sie in ihrem Bestande noch vollkommen unverändert auf unsere Zeit gekommen und ist gegenwärtig der Königl. Bibliothek einverleibt worden. Der Raum bildet einen Gelehrtenwinkel von so feinem Reiz, wie er nur selten wiederzufinden ist. Besichtigung nach vorheriger Meldung beim Lesesaalbeamten der Königl. Universität, Mitteltragheim 22.

In den Jahren 1901/1907 ist der baufällig gewordene Dom einer gründlichen Wiederherstellung durch den Dombaumeister Dethlefsen unterzogen worden.

**Kants Grabstätte.**[1]) Heute ohne Berechtigung noch vielfach „Stoa" Kantiana genannt, an der Nordseite des Domes. Zutritt über den Hof des Kneiphöfschen Gymnasiums. Die jetzt bestehende Grabkapelle ist im Jahre 1881 errichtet. Im Gewölbe ruhen die Gebeine Kants, welche zuerst im Professorengewölbe beigesetzt worden waren, das sich ehemals unter den jetzt abgebrochenen Arkaden an der Nordseite des Domes befand. Der Kapellenraum enthält auf einer seiner Wände, grau in grau gehalten, eine Wiedergabe der Rafaelschen „Schule von Athen" von Emil Neide. Davor steht Kants Marmorbüste von Siemering. Auf der der Büste gegenüberliegenden Wand liest man die bekannte Stelle aus Kants „praktischer Vernunft": „Zwei Dinge erfüllen das Gemüt mit immer neuer und zunehmender Bewunderung, je öfter und anhaltender sich das Denken damit beschäftigt: Der bestirnte Himmel über mir und das moralische Gesetz in mir." Die Besichtigung geschieht unentgeltlich an Kants Geburts- und Todestag (22. April und 12. Februar) von 11—2 Uhr. Sonst nach Meldung beim Kastellan des Kneiphöfschen Gymnasiums, der auch eine erklärende Broschüre verkauft. An Königsberg grössten Sohn erinnert ferner die am 100. Todestage in die Steinmauer des Schlosses (Gesekusplatz) eingelassene Bronzegedächtnistafel, die gleichfalls die oben angeführten Worte aus der „praktischen Vernunft" aufweist.

### 3. Das Rathaus

nimmt den ganzen Häuserblock zwischen Magister-, Köttel-, Brotbänken- und Hofgasse ein; trotzdem reichen die Räume für die Verwaltung nicht im entferntesten

---

1) Vergl. S. 115 u. 117.

aus, und verschiedene Abteilungen derselben sind in den benachbarten Strassen untergebracht.

Beachtenswert allein das Hauptgebäude in der Brotbänkenstrasse, zu dem eine altertümliche steinerne Doppeltreppe, von zwei Bären als Wappenhalter flankiert, hinaufführt. Das schöne Treppengeländer trägt in den einzelnen Feldern in reicher Umrahmung die Wappen kneiphöfscher Bürgermeister aus alter Zeit. Vor der Treppe

Abb. 27. Rathaus im Kneiphof.

fand am 16. Oktober 1566 die Enthauptung der drei herzoglichen Räte (Schnell, Funk und Horst) statt.

Über den Sitzungssaal des Rathauses in dem Junkerhofe siehe Seite 78.

Das Rathaus diente bis zur Vereinigung der drei Städte im Jahre 1724 nur dem Kneiphof. Das Altstädtische Rathaus am Altstädtischen Markt beherbergt jetzt die neu errichteten Handelshochschulkurse und die Standesämter. Das Löbenichtsche Rathaus stand an der Stelle, wo zurzeit das alte Gebäude der Hartungschen Zeitungs-

und Verlagsdruckerei steht. Jetzt ist dort das Hochbauamt des Magistrats untergebracht.

### 4. Königliches Waisenhaus,

Sackheimer Torplatz, von Schultheiss von Unfried 1705 erbaut. Kräftiger schöner Turm, gekrönt von einem Adler.

5. Es mag noch darauf hingewiesen werden, dass sich das **ursprüngliche Stadtbild,** schmale Front und 3—4 Stockwerke, mit dem Giebel nach der Strasse am längsten im Kneiphof erhalten hat. Kleiner Domplatz mit hohen Wolmen. Doch tragen nur wenige Häuser, wie das Kneiph. Langgasse 27, Fleischbänkenstrasse 35, Junkerstrasse 6, Altstädtischer Markt 13—15, Bergstrasse 29 und Koggenstrasse 29 ihren figurenreichen Frontschmuck.[1])

Altertumsfreunde seien ferner noch auf den Fischmarkt hingewiesen, der mit seinen schlichten Bauten am meisten das altertümliche Gepräge bewahrt hat. Beachtenswert am oberen Fischmarkt das Flussbild des Pregels, das namentlich im Herbste von zahllosen litauischen Kartoffelkähnen belebt ist. Auch der Marktverkehr, der sich tagaus, tagein hier abspielt, bietet dem Fremden ebenso wie die Wochenmärkte auf dem Steindammer, Altstädtischen und Rossgärter Markt, namentlich im Herbste (Mittwoch und Sonnabend) manches von Interesse. Insbesondere mag noch auf die Handelsfrauen des Fischmarktes (Fischbrücke) hingewiesen werden, denen der Königsberger Volksmund unter ihren Kolleginnen in bezug auf Derbheit im Umgange mit der feilschenden Kundschaft den ersten Platz verleiht.

Empfehlenswert ist auch ein Gang durch die Lastadie am Pregel mit ihren hochragenden Speicherreihen in mittelalterlicher Bauart, mit ihren Haus- und Handelsmarken und bemerkenswerten Reliefs aus dem 16. und 17. Jahrhundert.[2]) Über die Stadttürme s. S. 19.

## E. Andere öffentliche Bauten.

1. **Börse,** zwischen der Grünen und der Köttelbrücke. 1870—75 nach den Entwürfen des Architekten Müller mit

---

1) Walter Gordack, Ueber die Altertumsreste Königsbergs, vergl. Sitzungsberichte der Prussia 1886/87.

2) Walter Gordack, Königsberger Hausmarken. Sitzungsberichte der Prussia 1885/86.

Ober- und Seitenlicht, die sogenannte Sommerbörse. Die vier Hauptecken tragen allegorische Gruppen von der Hand Hundriesers (Europa, Asien, Afrika, Amerika). Haupteingang von der Grünen Brücke. Auf den Postamenten der Freitreppe zwei mächtige Löwen mit den Wappen der Stadt und der Kaufmannschaft. Der Börsensaal, 35 m lang, 22 m breit, 19 m hoch, besitzt eine schöne Kassettendecke; an den Wänden eine Galerie mit doppelter Säulenstellung. — Börsenzeit von 11½—1½ Uhr, wobei jeder Fremde Zutritt zur Galerie hat (Aufgang von der Köttelbrücke). Im Winter finden im Börsensaal die Künstler- und Symphoniekonzerte statt; in der Sommerbörse veranstaltet der Kunstverein seine Kunstausstellungen.

Der Bau eines besonderen Konzerthauses am östlichen Ufer des Schlossteiches ist begonnen.

2. **Die Universität,** Paradeplatz, von 1844—62 nach den Entwürfen Stülers in den Formen der italienischen Renaissance erbaut.

Ziegelputzbau mit vorgesetzter Wandelhalle, 75 m lang, 20 m breit. Am Mittelbau die Reiterstatue des Herzogs Albrecht im Hochrelief, zu beiden Seiten die vier Fakultäten: Philosophie, Theologie, Jurisprudenz und Medizin. Darunter die Statuen Luthers und Melanchthons von Schievelbein. Der Mittelbau erhält seinen Abschluss in einer halbrunden Glorietta mit dem preussischen Adler und der Unterschrift: „Fridericus Guilelmus IV. instituit 1844. Guilelmus perfecit 1862" d. h. Friedrich Wilhelm IV. begann das Werk 1844, Wilhelm vollendete es 1862. Rechts und links vom Mittelbau die Medaillonporträts berühmter Gelehrten: (rechts Hamann, Herder, Kraus (Professor der Staatswissenschaften 1780—1807), Hagen (Professor der Naturwissenschaften 1775—1829), Burdach (Professor der Medizin 1814—1847). — An der Schmalseite nach dem Theater: Lachmann (Professor der Philologie 1818—1825), Lobeck (Professor der Philologie 1814—1860). — Links vom Mittelbau: Kant, v. Hippel (1741—1796), Herbart (1809—1833), Bessel (1810—1846), Jacobi (Professor der Mathematik 1817 bis 1842). Die Plätze an der Hinterfront und der westlichen Schmalseite sind noch unbesetzt. — Am Mittelbau: Georg Sabinus (1544), der erste Rektor der Universität, und Simon Dach (1639—1659).

Über dem Hauptgesims eine Attika, die mit einer

Ballustrade geschmückt ist. Die Ecken derselben zieren Statuen. Vorderfront, Mittelbau: Gesetzgebung und Staatsverwaltung, an den Ecken der Seitenflügel: Geschichte und Archäologie. Rückfront, Mittelbau: Mathematik und Physik, auf den Ecken: Erd- und Himmelskunde. — Im Innern beachtenswert das Vestibül, die Freitreppe und die Kapitäle der Säulen (Bisquitmasse aus der Königlichen Porzellanmanufaktur zu Berlin), die in humorvoller Weise die Beschäftigung der Studenten, den Kommers, die Waffenübung, die Musik) zeigen. Über die Wandgemälde des Auditorium maximum siehe S. 81.

In der Universität befinden sich das Kupferstichkabinett und die Münzsammlung. Siehe S. 67.

3. **Regierungsgebäude,** Mitteltragheim. 1872—80 im edelsten Renaissancestil erbaut. Mittelbau und zwei Seitenflügel, die einen mit Gartenanlagen geschmückten Vorplatz einschliessen.

Am Mittelbau die Sandsteinbüsten Albrechts I. und Wilhelms I. von Reusch. Oben auf den Ecken zwei allegorische Gruppen von demselben Künstler: Handel, Gewerbe und Schiffahrt — Landbau, Wissenschaft und Unterricht. Im Innern sehenswert das Treppenhaus und der Festsaal. Im Treppenhaus die Gruppe von Professor Reusch: „Gerechtigkeit, Kraft und Mässigung“ und an jeder Seite je drei Wandgemälde von Professor Knorr, die die grundlegende Beschäftigung der Bewohner Ostpreussens darstellen: Bernsteingräberei, Jagd, Fischerei — Pferdezucht, Viehzucht, Landwirtschaft. — Den Festsaal schmücken unter der Devise: „Vom Fels zum Meer“ zwei Landschaftsbilder von Max Schmidt: Die Hohenzollernburg und der Ostseestrand.

4. **Palaestra Albertina.** Am Ausgange der 3. Fliessstrasse. 1894—1898 in Ziegelrohbau ausgeführt. Das Institut ist die Stiftung eines früheren Schülers der Albertina, des Dr. med. Lange-Newyork. Es weist ausser einem hervorragenden Hallenbade, das auch im Winter als Schwimmbad benutzt wird, vorzüglichen Fechtsälen und einer mustergültig eingerichteten Turnhalle, die mit Leichtigkeit in einen grossen Festsaal verwandelt werden kann, zahlreiche Nebenräumlichkeiten auf. In jüngster Zeit sind auch mehrere akademische Seminare dorthin verlegt worden. Das Gebäude ist auch architektonisch bedeutend.

5. **Landeshaus,** Königstrasse 28/32, ein Buntbacksteinbau neuerer Zeit. In den Mauerflächen Medaillondarstellungen des Landbaues, der Viehzucht, der Jagd und der Fischerei. Im grossen Saale Brausewetters bekanntes Ge-

Abb. 28. Schwimmbad der Palaestra Albertina.

mälde: Yorks Ansprache an die Stände am 5. Februar 1813.

6. **Das Stadttheater.** 1806 auf den Fundamenten einer Garnisonkirche erbaut. 1808 niedergebrannt. 1809 neu ge-

weiht. 1855, 1892 und 1910 erweitert und erneuert. Es fasst über 1000 Personen.

7. **Das neue Schauspielhaus** in der Rossgärter Passage. Eröffnung: September 1910

Abb. 29. Fechtsaal der Palaestra Albertina.

8. **Landschaftsgebäude.** Landhofmeisterstrasse 8/9. Ansprechender Bau aus neuester Zeit im Barockstil mit schönem Säulenportal.

9. **Königliche Bibliothek** auf dem Mitteltragheim, 1901 erbaut. Vorderfront im Renaissancestil. Über dem Ein-

gang Brustbild des Herzogs Albrecht. Dahinter das gewaltige, mit den neuesten Einrichtungen versehene Magazin zur Aufbewahrung der Bücher. Vergl. S. 128.

10. **Israelitisches Waisenhaus.** Lindenstrasse, neben der neuen Synagoge. Für Stadt und Provinz 1904/05 nach den Entwürfen des Regierungsbaumeisters Behrend in Steglitz erbaut. Für 45 Waisenkinder berechnet. Im Erdgeschoss Diele mit altertümlicher Ausstattung. (Besichtigung täglich von 12—1½ Uhr.)

11. **Stadtmissionshaus** mit grossem Saal. Ziegelstrasse Nr. 7. Standbilder von Hering.

### F. Kirchen und Gotteshäuser.

Dom und Schlosskirche sind bereits erwähnt.

1. **Altstädtische Kirche,** ein 1845 vollendeter Ziegelrohbau im gotischen Stil.

Langhaus und Querhaus der Kirche sind dreischiffig, das Innere leidet unter der grossen Zahl von Säulen, die nach dem Plane Schinkels ursprünglich für einen grösseren Bau bestimmt waren. Aus Mangel an Mitteln schränkte man den äussern Umfang des Gotteshauses ein, behielt aber die Zahl der Säulen bei.

Bei der inneren Ausstattung sei das bronzene Epitaph des Pfarrers Derschau († 1639) mit feiner Formenbehandlung und schönem Linienfluss der beiden Statuetten des Moses und Johannes des Täufers erwähnt.

2. **Haberberger Kirche** mit ihrem 77 m hohen Turm. Der vergoldete Engel, der statt einer Wetterfahne auf dem Knopfe des Turmes steht, hat eine Höhe von 2,2 m und ein Gewicht von 75 kg.

Altaraufsatz, Kanzel und Orgelgehäuse, sowie die beiden Beichtstühle sind im Rokokostil gehalten und zwischen 1750 und 70 entstanden. Der Altaraufsatz mit den streng gezeichneten Säulen, den allegorischen Gestalten Glaube, Liebe, Hoffnung und Geduld passt trotz der etwas feinen Formenbehandlung vortrefflich in den Kirchenraum. Die figuralen Schnitzereien sind jedoch nicht hervorragend. Beachtenswert ist die Kanzel, die in der Steindammer Kirche ein allerdings weniger reiches Gegenstück findet. Sicherlich beide von demselben Meister geschaffen. Wertvoll hier wie bei den meisten anderen Königsberger Kirchen das zahlreiche Altargerät.[1]) In der äusseren, süd-

---

1) Vgl. E. von Czihack, Die Edelschmiedekunst früherer Zeiten in Preussen. Düsseldorf 1903.

lichen Mauer der Kirche steckt eine Kanonenkugel mit der erklärenden Beischrift: „Erinnerung an das französische Bombardement am 14. Juni 1807.“

3. **Löbenichtsche Kirche.** Der gegenwärtige Bau stammt aus dem Jahre 1776. Das Äussere schmucklos, das Innere ganz im Rokokostil.

4. **Katholische Kirche,** 1614—1616 erbaut. Nach dem Brande von 1772 neu erbaut. Dreischiffige Hallenkirche. Über der Hauptfassade die vier Evangelisten in Sandstein. Der Hochaltar von 1844 mit dem berühmten Gemälde Ittenbachs; „Christus am Kreuz“. — Links der Trinitatis-, rechts der Marienaltar. Die ganze Kirche ist 1892—1894 nach den Entwürfen des Domvikars Dengler aus Regensburg mit Wandgemälden in leuchtenden Temperafarben geschmückt. Inhaltlich im Zusammenhange stehen damit die Glasgemälde der Fenster. Beachtenswert ferner die sehr schöne schmiedeeiserne Rokokotür der Sakristei und das Rokokogeländer der Kaplanei. (Nördlich von der Kirche.)

5. **Sackheimer Kirche,** 1648 erbaut, 1764 abgebrannt, 1771 neu gebaut. Das Äussere unscheinbar. Altar mit dem Gemälde von Heydeck: „Der einladende Christus“. Der Kirchenvorsteherstuhl, rechts vom Altar mit gutem Schnitzwerk. Kronleuchter aus dem 18. Jahrhundert.

6. **Französisch-reformierte Kirche** von 1736, beachtenswert durch ihre Anlage als Zehneck mit vorgelegtem Turm in Zeltdachform. Im Innern barock mit leisen Anklängen an das Rokoko.

7. **Altrossgärter Kirche,** 1651—1683 erbaut. Schmucklos. Altar von 1677. An der Nordseite Grabgewölbe des 1788 verstorbenen Stadtrats Beckenstein mit einer sehr schön gearbeiteten schmiedeeisernen Rokokotür. Im Innern sind bemerkenswert die Kanzel vom Jahre 1666 mit verschiedenen figuralen Holzschnitzereien, der im Gesamteindruck prächtige Altaraufsatz von 1677 sowie die Schnitzereien der Beichtstühle, die in Auffassung und Wiedergabe frei und mannigfaltig sind. Altaraufsatz vielleicht von J. Pfeffer.

8. **Burgkirche,** eine Nachbildung der Neuen Kirche im Haag, im Renaissancestil mit fünf gewölbten Chören.

Die Kirche wurde 1701 in Gegenwart Friedrichs I. geweiht. Altar schmucklos, Kanzel mit hervorragendem Schnitzwerk. Vom Bergplatz führt ein Tor nach dem Burgkirchenplatz, das aus dem Jahre 1727 stammt und mit der Gerechtigkeit, der Barmherzigkeit und der Liebe geschmückt ist. (Es fällt auf, dass die Gerechtigkeit das Schwert in der Linken und die Wage in der Rechten hält.)

9. **Tragheimer Kirche** von 1784. Kreuzform. Altaraufsatz von 1792 mit wertvollem Christusbild, Kanzel, Beichtstühle, Fürstenstand: Rokokoarbeit von 1784. Der

Abb. 30. Katholische Kirche.

Kanzel gegenüber das Bildnis des Oberkonsistorialrats Weiss († 1873) und des Pfarrers Wasianski, eines Freundes Kants.

10. **Steindammer (früher Polnische) Kirche.** Vermutlich ältestes Gotteshaus der Stadt, sehenswert. Ihr Fussboden liegt vier Stufen tiefer als das im Laufe der Jahrhunderte immer mehr erhöhte Strassenpflaster.

Der Altaraufsatz trägt in seinem Gebälk die Jahreszahl 1670. Das Altarbild, ein jüngstes Gericht von dem Königsberger Maler Antonius Möller, wird bereits 1640 erwähnt. Kanzel im Rokokostil. Aus alter Zeit noch verschiedene Epitaphien vorhanden. Die Kirche wurde im

Abb. 31. Burgkirche.

Innern 1888 und 1905 gründlich renoviert und dient auch als Universitätsgotteshaus.

11. **Neurossgärter Kirche** von 1467. Im Äussern wie im Innern einfach. Der Turm ist 90,07 m hoch.

Ziegelputzbau im Blockverbande. An der gewölbten Holzdecke Malereien bibl. Inhalts, die, wenn auch nicht Schönheit, so doch Geschick in der Komposition wie in der Anordnung des Stoffes bekunden. Altaraufsatz von 1668. Kanzel mit guter Schnitzerei von 1648. Nicht nur in architektonischer, sondern auch in plastischer Beziehung die gediegenste Kanzel der Stadt trotz des etwas übertriebenen Gesichtsausdruckes und des unschönen Her-

Abb. 32. Steindammer Kirche.

vortretens einzelner Körperteile sowie einzelner ungelenker Bewegungen. Altarschranke im Stile Ludwigs XVI. Taufkapelle, Orgelgehäuse, Beichtstühle. Bildnis des Oberhofpredigers von Borowski, † 1831, des einzigen Erzbischofs der evangelischen Kirche sowie die anderer Geistlicher.

12. **Luisenkirche,** Mittelhufen, in romanischem Stil, am 9. September 1901 in Gegenwart des Kaiserpaares geweiht.

13. Neue **Synagoge,** Lindenstrasse 11/15, 1894—1896

Abb. 33. Neurossgärter Kirche.

nach den Entwürfen von Cremer & Wolffenstein in Berlin erbaut. Im Schiff 700, auf der Empore 600 Sitzplätze. Die beiden Estraden enthalten das Pult für den Vorbeter und die Lade mit den Thorarollen; über derselben die Orgel mit dem Sängerchor, vor ihr die Kanzel. Über dem Frontbau die bis zu 46 m ansteigende mächtige Kuppel. (Besichtigung nach Meldung beim Kastellan.)

14. **Lutherkirche** auf dem Viehmarkt.

15. Neue **Kaiser Friedrich-Gedächtniskirche in Kalthof.**

16. **Kirche zur heiligen Familie,** Oberhaberberg 21.

17. **St. Adalberts-Kapelle,** Villenkolonie Amalienau, die ihren Namen nach dem ersten Apostel der alten Preussen, Adalbert von Prag trägt († 997). Die beiden letzten Gotteshäuser dienen dem katholischen Kult und sind nebst den beiden vorhergehenden in den letzten Jahren erbaut.

Abb. 34. Inneres der Neurossgärter Kirche.

## G. Öffentliche Plätze und Anlagen.

1. **Der Paradeplatz** (Königsgarten), der schönste Platz der Stadt. Die jetzigen englischen Anlagen mit ihren üppigen Rasenflächen stammen aus dem Jahre 1885. An der Nordostseite wird der Platz vom Stadttheater, an der Nordwestseite von der Universität begrenzt. Auf dem Paradeplatz steht das Reiterdenkmal Friedrich Wilhelms III. und das Kantdenkmal. Jeden Sonntag von 12 bis 1 Uhr Militärkonzert.

In unmittelbarer Nähe des Paradeplatzes:

2. **Der Schlossteich,** eine der schönsten Zierden der Stadt, fast 1200 m lang und ca. 9 ha gross. Er empfängt sein Wasser aus dem Oberteich und ist eine Schöpfung des Ordens, welcher ihn durch Schüttung eines Dammes, der heutigen Französischen Strasse, zum Schutze der Burg

Abb. 35. Luisenkirche.

und als Mühlenteich aufstaute. Die Schlossteichbrücke, welche in absehbarer Zeit durch eine neue ersetzt werden wird, teilt ihn in eine grössere nördliche und eine kleinere südliche Hälfte. Von der Brücke herrlicher Ausblick. Namentlich mit seinem nördlichen, von schattigen Gärten eingerahmten Teile (links der Garten der Bürgerressource, die Logengärten und Börsengarten, gegenüber der Garten der Kommandantur und des Kommandierenden Generals), an dessen Ostufer sich die neue Stadthalle erheben wird, bietet der Schlossteich mit seiner von zahlreichen Schwänen belebten Oberfläche ein eigenartiges Bild. An der Westseite des südlichen Schlossteichs ist neuerlich eine Uferpromenade hergestellt; eine gleiche auf der Ostseite ist soeben vollendet. In den terrassenartig aufsteigenden, parkartigen Ufergärten finden fast täglich abwech-

Abb. 26. Schlossteichbrücke.

selnd Konzerte statt. Ein besonders malerisches Bild zeigt der Schlossteich, wenn an Sommerabenden zahlreiche, mit bunten Lampions verzierte Gondeln, die gegen ein geringes Entgelt zur Verfügung stehen, sich auf seinem Spiegel bewegen, um an den prächtig erleuchteten Ufergärten anzulegen. Im Winter bieten die vom Klub der Schlittschuhläufer hier veranstalteten Eiskonzerte jung und alt Gelegenheit zu fröhlichem Sporte.

3. **Kaiser Wilhelmplatz,** an der Südwestecke des Schlosses, früher Altstädtischer Kirchenplatz genannt, weil hier bis zum Jahre 1826 die Altstädtische Kirche

stand. Die Stelle des früheren Altars, unter dem Hans Luther, des Reformators ältester Sohn begraben ist, bezeichnet noch heute der Lutherstein. Auf dem Kaiser Wilhelmplatz das Bismarckdenkmal, nicht weit davon das Denkmal Kaiser Wilhelms I.

### H. Park- und Gartenanlagen.

1. **Der Volksgarten,** städtischer Park, Westende der Stadt, den der Verschönerungsverein vor 40 Jahren auf militärfiskalischem Gelände angelegt hat. In ihm das Kriegerdenkmal S. 117.

Neben der freundlichen Gestaltung des Strassenbildes durch Baumpflanzungen hat die Stadtgemeinde sich in den letzten Jahren besonders die Verschönerung der Stadt durch Schaffung von Schmuckanlagen angelegen sein lassen. So sind die Anlagen am Schlossteich — Münzplatz und Schlossteichpromenade — nebst den Anlagen auf der Südseite des Schlosses, besonders erwähnenswert.

**Öffentliche Spielplätze** s. S. 132.

### Vor den Toren der Stadt.

2. **Der Juditter Stadtpark mit dem Park Luisental.** Vor dem Steindammer Tor. Elektrische Bahn vom Steindamm, Ecke Poststrasse. Insgesamt 206 326 qm gross, seit 1896 bzw. 1898 im städtischen Besitz. Mit grossem, neu ausgebautem Restaurant.

3. **Der Ratshöfer Park.** Vor dem Steindammer Tor. Von der Lawsker Allee rechts ab durch die mit sehenswerten alten Linden bestandene Werderallee. 1907 pachtweise von der Appelbaum'schen Stiftung übernommen, die hier das ehemalige Etablissement Gross-Ratshof zu einer Heimstätte für pflegebedürftige Kinder ausgebaut hat. Daneben öffentlicher Park. Daran schliesst sich ein romantisches Schluchtengelände bis zum Fürstenteich, das später zu Promenadenanlagen ausgestaltet werden soll.

4. **Der Kalthöfer Park.** Vor dem Königstor. 10 Min. 26 890 qm gross, 1905 erworben. Enthält u. a. einen schön gelegenen Teich mit hübschem Ufersteg und altem Baumbestande, darunter eine alte Linde besonders sehenswert. Von 7 Uhr morgens bis Eintritt der Dunkelheit geöffnet.

5. **Der Max Aschmannpark.** Durch den Druchbruch beim Wrangelturm mit Motorboot über den Oberteich oder elektrische Bahn vom M ü n z p l a t z. 17½ ha grosses, aus alten Eichen bestehendes Wäldchen nebst 25 ha freiem Gebiete, auf welchem demnächst noch weitere Parkan-

Abb. 37. Der Schlossteich.

lagen und Spielplätze erstehen sollen. Kam 1904 in städtischen Besitz.

6. **Die Stadtgärtnerei.** Vom Tragheimer Tor durch die Samitter Chaussee, bis Wegweiser rechts ab zeigt, oder elektrische Bahn vom Münzplatz nach Maraunenhof—Wehnerstrasse. 12½ ha gross, parkartig angelegt. Enthält Baumschule, Gewächshäuser, Frühbeete und Freilandbeete zur Anzucht der Gehölze und Blumenpflanzen für die öffentlichen Garten- und Schmuckanlagen. Der „Pflanzenlieferungsgarten" gibt zweimal wöchentlich den Königsberger Schulen das für den botanischen Unterricht erforderliche Material. Der „Schulgarten" mit dem 1 ha grossen Teich dient dem naturkundlichen Unterricht an Ort und Stelle; dort sind die Pflanzen ihrer Natur nach angeordnet. Besonders interessant eine Sammlung sämtlicher in Ostpreussen winterfester Gehölze. Zur Besichtigung geöffnet wochentags 8—6 Uhr, Sonn- und Feiertags 8—12 Uhr.

7. **Park Luisenwahl** (Königlich) s. S. 136.

## I. Denkmäler, Kunstwerke und Gedenktafeln.

1. **Kaiser Wilhelmdenkmal** an der Südwestecke des Schlosses. 1894 errichtet, modelliert von Professor Reusch († 1906).

Der Kaiser ist im Krönungsornate dargestellt. Auf dem Haupte die Krone, um die Schultern den Hermelinmantel, in der erhobenen Rechten das Schwert. Gewählt ist vom Künstler der Moment der Krönung von 1861, in dem der Fürst vor dem Altar den Segen des Allerhöchsten erflehte. Von der geschmackvollen Terrasse neben dem Denkmal ein reizvoller Ausblick auf die Kneiphöfsche Langgasse mit ihrem wogenden Verkehr.

2. **Das Bismarckdenkmal,** dicht dabei auf dem Kaiser Wilhelmsplatz, eines der besten Werke von Reusch, 1901 enthüllt.

Auf einem Sockel aus grauem Granit steht der Fürst in der Kürassieruniform, den ausdrucksvollen Kopf nach dem Denkmal seines kaiserlichen Herrn gerichtet. Zu seinen Füssen windet sich, vom Schwerte durchbohrt, der Drache der deutschen Zwietracht, aus dessen Rachen Wasser in eine gefällige Brunnenanlage fliesst. Das kunstvolle Gitter zeigt den deutschen Adler. Der Mosaikboden trägt die Inschrift: „Wir Deutsche fürchten Gott, sonst nichts auf der Welt." Zu beiden Seiten die Nebenfiguren

Krieg und Frieden, entworfen von Reusch, ausgeführt von Borchert und Rosenberg.

3. **Das Herzog Albrechtdenkmal** an der Nordostecke des Schlosses, ebenfalls von Reusch, 1891 enthüllt.

Der Fürst, barhäuptig, in der Tracht seiner Zeit, hält in der Rechten die neue Kirchenagende von 1525 und die Stiftungsurkunde der Universität von 1544, die Linke stützt sich auf das Schwert. Am Boden stehende und liegende Bücher, die auf seine Liebe zur Wissenschaft hindeuten.

4. **Das Denkmal Friedrichs I.** auf dem Schlossplatze, der Hauptwache gegenüber, das hervorragendste Kunstwerk der Stadt, 1697 von Andreas Schlüter modelliert, 1801 nach wechselvollen Schicksalen von Friedrich Wilhelm III. „dem edlen Volke der Preussen zum immerwährenden Denkmal gegenseitiger Liebe und Treue gewidmet".

Der König, oder vielmehr noch der Kurfürst, leicht ausschreitend, den Blick vorwärts gerichtet, ist in der Tracht der römischen Imperatoren dargestellt. Das Zepter in der Rechten des Königs wurde 1807 durch einen französischen Soldaten entwendet und ist erst in späterer Zeit wieder ersetzt worden, nicht ganz im Stile der Statue. Alles an der Statue atmet Schwung, Kraft und Bewegung.

5. **Das Reiterdenkmal Friedrich Wilhelms III.** auf dem Paradeplatz von August Kiss, 1851 enthüllt.

Der König, hoch zu Ross, mit dem Lorbeerkranz im Haar, ist in voller Manneskraft dargestellt, umflossen von dem faltigen Krönungsmantel. An dem Bronzepostament vorne die Widmung, an der hinteren Schmalseite: die Gründung der preussischen Landwehr (in der Mitte York zwischen den beiden Grafen Dohna, und Oberbürgermeister Heidemann, dessen Grab vor dem Königstor, links im Glacis, pietätvoll gepflegt wird). An der östlichen Längsseite: Die Königin im Kreise ihrer Familie, und Friedrich Wilhelm übergibt Hardenberg wichtige Urkunden zur Neugestaltung des Staates. An der westlichen Längsseite: die Segnungen des Friedens (Feldbaubeschäftigung und der Nähr-, Lehr- und Wehrstand). Die Reliefbilder werden durch allegorische Vollfiguren getrennt, die in Beziehung zu den geschichtlichen Darstellungen stehen, auf der östlichen Seite: Glaube, Borussia, Gerechtigkeit; auf der westlichen: Liebe, Segensfülle, Weisheit. Darüber die Inschrift: „Sein Beispiel, seine Gesetze machten uns stark

Abb. 37. Bismarck-Denkmal.

zur Befreiung des Vaterlandes, ihm danken wir des Friedens Segnungen." — Das Denkmal ist 11 m hoch.

6. **Das Standbild Friedrich Wilhelms I.** an der freigelegten Südfront des Schlosses. 1730 in Sandstein errichtet, stellt es den Herrscher umgeben von Attributen des Krieges dar.

Abb. 38. Denkmal Friedrich Wilhelms III.

7. **Das Kantdenkmal,** Paradeplatz, von Rauch, 1864 enthüllt, seit 1885 auf dem jetzigen Platze.

Der grosse Denker ist in der Tracht seiner Zeit dargestellt, das Haupt ist unbedeckt, die Linke trägt den dreieckigen Hut und den Stock, die Rechte ist gleichsam lehrend erhoben.

8. **Provinzial-Schillerdenkmal,** von Cauer, vor dem Stadttheater.

9. **Das Schöndenkmal** vor der Königlichen Kunstakademie in der Königstrasse, ein schlichter Eisenobelisk, den die dankbaren Königsberger Bürger ihrem Oberpräsidenten Theodor von Schön 1843 setzten.

10. **Das Burowdenkmal** am Bergplatz, von Hundrieser. Büste des Professors der Chirurgie Burow, † 1874.

11. **Büste des Professors der Augenheilkunde Julius Jacobson,** von Reusch. † 1889, im Vorgarten der Augenklinik in der Wagnerstrasse.

Abb. 39. Denkmal der Königin Luise.

12. **Büste des Astronomen Friedrich Wilhelm Bessel** von Reusch. † 1846, vor der Königlichen Sternwarte.

13. **Das Kriegerdenkmal** für die Gefallenen von 1870/71 nach dem Entwurfe des Stadtbaurats Krüger im Stadtpark (Volksgarten) errichtet. Eine schlichte Denksäule auf einem Oktogon mit der Inschrift: „Das höchste Gut des Mannes ist sein Volk“ (Felix Dahn) und: „Nicht Euer Lohn, nur unser Dank“ (Ernst Wichert).

14. **Denkmal der Königin Luise** in Luisenwahl: Halbrotunde aus Zementstein mit der Marmorbüste der Königin von Rauch in einem Medaillonbogen. „Dem Genius

Preussens — Der unvergesslichen Königin Luise — Die Königsberger Bürger 1874."

15. **Denkmal des Professors Schweigger** (1821 auf Sizilien ermordet) im Botanischen Garten mit einer echten Vase aus der Villa des Mäcenas in Tivoli.

16. **Denkmal des Daniel Zimmermann** (* 1742, † 1814) im Garten des Zimmermannschen Stiftes, Königstrasse 37. Von J. G. Schadows Hand, befinden sich darauf die vortrefflichen Statuetten des Glaubens, der Liebe und der Hoffnung in Flachrelief.

17. **Denkmal des Erzbischofs Borowski,** von Cauer, an der Neurossgärter Kirche. Juli 1907. Borowski † 1831 als Oberhofprediger.

18. **Denkstein Julius Rupps** am Ostgiebel des Doms. Julius Rupp 1809—1884. Wer nach der Wahrheit, die er bekennt, nicht lebt, ist der gefährlichste Feind der Wahrheit selbst.

19. **Denkmäler an den Festungstoren:**

Am Steindammer Tor: Die lebensgrosse Bildsäule Friedrich Wilhelms III., von Professor Wolff.

Am Rossgärter Tor: Die Medaillonporträts Scharnhorsts und Gneisenaus.

Am Königstor: Die Statuen des Königs Ottokar von Böhmen, des Herzogs Albrecht I. und des Königs Friedrich I.

Am Friedländer Tor: An der Innenseite die Statue des Grafen Friedrich von Zollern, an der Aussenseite die des Hochmeisters Siegfried von Feuchtwangen.

Am Brandenburger Tor: Die Medaillonbildnisse der Generale von Boyen und von Aster.

Am Sackheimer Tor: Die Medaillonbildnisse Bülows und Yorks.

20. **Bogenschütze,** von Heinemann, in der Mitte der westlichen Schlossteichpromenade, aus der Rückwand einer Ruhebank in Überlebensgrösse herauswachsend.

21. **Badende Nymphe,** von Cauer, im Vorgarten der Kunstakademie.

22. **Evabrunnen** auf dem Steindammer Markt. Modelliert von Stanislaus Cauer, der Stadt geschenkt von Emil Gottheil.

23. **Häuser mit Gedenktafeln:**

Prinzessinstrasse 2. „Immanuel Kant wohnte und lehrte hier von 1783—1804."

Steinmauer des Schlosses am Gesekusplatz. „Immanuel Kant. * 22. April 1724. † 12. Februar

1804. Zwei Dinge erfüllen das Gemüt mit immer neuer und zunehmender Bewunderung, je öfter und anhaltender sich das Denken damit beschäftigt: Der bestirnte Himmel über mir und das moralische Gesetz in mir."

Hamannstrasse 1. „Johann Georg Hamann, geboren in diesem Hause den 27. August 1730. † 31. 6. 1786."

Tuchmacherstrasse 19. „Friedrich Gustav Dinter, geb. zu Borna in Sachsen den 29. Februar 1760, gest. zu Königsberg i. Pr. d. 29. Mai 1831, wohnte hier von 1817—1830.

Brotbänkenstrasse 25. „Hier wurde geboren Eduard Simson am 10. November 1810." Hervorragender Politiker, Präsident der Nationalversammlung von 1848 und Präsident des Reichsgerichts.

Pauperhausplatz 5. „Julius Rupp. * 13. 8. 1809. Begründer und Prediger der freien evangelischen Gemeinde in Königsberg lebte und wirkte in diesem Hause von 1847 bis zu seinem Tode 1884."

Universitätsgebäude. Südlicher Teil der Wandelhalle: „Franz Neumann. Geb. d. 11. September 1798. Gestorben den 23. Mai 1895."

Sackh. Kirchenstrasse 18, Ecke Voigdtstr. 1.[1]) Galater VI, 10. „Dem Pfarrer Dr. Carl Ferdinand Voigdt. 1804—1887. Dem Vater des ostpr. Gustav Adolf-Vereins zum Gedächtnis. Bitte seine Losung, Geben seine Lust, Liebe sein Lohn."

Landhofmeisterstrasse 16/18. Gründung der Landwehr. Eisernes Kreuz mit den Worten: „Februar 1813." S. S. 18.

Am Gesekusplatz, Ecke des Postgebäudes. „Johann Heinrich Gesekus," Justizkommissarius in Königsberg, Begründer der Gesekusstiftungen. Geb. d. 10. April 1745, gest. d. 5. Dezember 1810."

Henschestrasse 16. August Wilhelm Hensche, Stadtrat und Stadältester in Königsberg. Geb. d. 19. Januar 1798, gest. d. 4. Februar 1889.

Kgl. Universitäts-Bibliothek, Mitteltragheim 12. „Johann Gottfried Herder, der Ostpreusse im Kreise der Klassiker. Geb. d. 25. August 1744, gest. d. 18. Dezember 1803."

Kgl. Regierung, Schönstrasse 3. Theodor von Schoen, Oberpräsident von Ost- und Westpreussen. Geb. d. 20. Januar 1773, gest. d. 22. Juli 1856.

1) Das Gebäude ist abgebrochen und neu erbaut. Die Tafel wird an dem neuen Gebäude angebracht.

Wagnerstrasse 38. „Dr. med. Karl Ernst Albrecht Wagner, Professor an der Universität und berühmter Chirurg. Geb. d. 3. Juni 1827, gest. d. 15. Februar 1871.“

Königstrasse 61. „Dr. Freiherr v. Schrötter, Kanzler und Chefpräsident des Oberlandesgerichts. Geb. d. 9. April 1748, gest. d. 2. Dezember 1819.“

Königstrasse 56. „Dr. Ludwig v. Wegnern, Kanzler und Chefpräsident des Oberlandesgerichts. Geb. d. 3. August 1777, gest. d. 7. November 1854.“

Königstrasse 79. „Dr. Gustav v. Gossler, Kanzler und Chefpräsident des Oberlandesgerichts. Geb. d. 26. Mai 1810, gest. d. 12. Mai 1885.“

Kollegienstrasse 1. „Dr. Ernst Gottlob Morgenbesser, Kanzler und Chefpräsident des Oberlandesgerichts. Geb. d. 21. September 1751, gest. d. 22. Juli 1824.“

## K. Naturdenkmäler.

**Neurossgärter Kirchenplatz.** Im westlichen Teile zwei starke ca. hundertjährige Gleditschien (Gleditschia triacanthos), Heimat das östliche Nordamerika, zwei starke schwedische Mehlbeerbäume (Aria suecica Koehne) an der Südmauer der Kirche. Mehr der Kirche zu ein starker Maulbeerbaum (Morus alba), vielleicht aus der Friedericianischen Zeit stammend. Südwestlich der Kirche ein starkes Exemplar der Rosenkranzpappel (Populus monilifera Ait). Im Pfarrgarten am Neurossgärter Kirchenberg ein alter Walnussbaum (Juglans regia).

**Alter Neurossgärter Kirchhof** an der Sternwarte. Mit blühendem altem Efeustamm, der an einem Spitzahorn etwa 6 m emporklimmt.

**Botanischer Garten.** Kaukasische Flügelnuss (Pterocarya caucasica C. A. Mey.) sehr alt. Eine starke alte Rosskastanie sowie eine sehr starke Rosenkranzpappel (Populus monilifera Ait). In den Gewächshäusern starke sehr alte alljährlich blühende und fruchtende Zwergpalmen (Chamaerops humilis), Zwergdattelpalme (Phoenix pusilla Gaertn.), Baumfarn (Alsophila australis), Riesenfarn (Todea barbara Moore) aus Ost-Australien.

**Zoologisches Museum.** Ein alter starker Rotdorn südlich vom Museum.

**In den Bahnhofsanlagen** ein mächtiger Silberahorn (Acer dasycarpum Ait) und an der Fontäne daselbst zwei starke Schwarzkiefern (Pinus Laricio Ait).

**Auf dem Jahrmarktsplatz** ein prächtiges Exemplar der in Ostpreussen nur selten aufzufindenden Platanen (Platanus acerifolia Willd.). Ein gleiches auf dem Neurossgärter Kirchenplatz. Den **Fliessplatz** beherrscht eine grosse Stiel- oder Sommereiche (Quercus Robur). Der Nachtigallensteig trägt eine riesige Rosenkranzpappel.

**Glacis zwischen Holländerbaum- und Ausfalltor.** Bemerkenswerte Pappeln, darunter die Ontario-Pappel (Populus candicans), die graublätterige Pappel (P. canescens) u. a. m.

**Tiergarten.** Am Eingange der buddhistische Tempelbaum Ginkyo (Ginkgo biloba) seltener Baum, gehört der alten, fast ausgestorbenen Familie der Gymnospermen Ginkgoaceae an, die zu den Cycadaceen in naher verwandtschaftlicher Beziehung steht und früher zu den Coniferen gezählt wurde. In der Nähe des Völkerparks befindet sich eine der stärksten Stiel- oder Sommer-Eichen Königsbergs.

**Luisenhöh.** Grosse 80—100jährige Hunds- oder Heckenrose (Rosa canina forma dumalis Bechstein), dicht an einer abgestorbenen Balsamtanne, westwärts vom Eingange. Mehrere starke Stämme erheben sich bis zur Höhe von 8 m. Am Westende des Gartens ein starker Lebensbaum und eine starke Lärche (Larix decidua). Ein noch stärkerer Baum dieser Art im Garten der Drei-Kronenloge, der von der Schlossteichbrücke deutlich wahrzunehmen ist.

**Luisenwahl.** Nördlich vom Denkmal der Königin Luise ein Bestand angepflanzter Rotbuchen (Fagus silvatica).

**Amalienau.** Am Ostrande des Gutsparks steht eine hohe Edeltanne (Abies pectinata D. C.).

**Gross-Ratshof** mit prächtigen Lebensbäumen und der aus alten Linden bestehenden Werder-Allee, die von der Chaussee nach dem Parke führt. Daselbst einige Eiben.

**Alter jüdischer Friedhof,** Tragh. Pulverstrasse. Starker Ahorn, der zwei Leichensteine in die Höhe gehoben und in sein Gehölz aufgenommen hat. Daselbst noch andere Bäume, die auf ähnliche Weise Steine umwachsen.

**Ponarth.** In städtischen Anlagen unfern von der Kirche starke Ulmen, darunter eine alte Berg-Ulme (Ulmus montana With.), deren Stamm gegen 4 m Umfang hat und eine stattliche Krone besitzt.

## L. Ruhestätten bekannter Königsberger.[1])

**Alter Altrossgärter Friedhof.** Neben der Kirche.

Friedrich August Gotthold. Direktor des Friedrichskollegiums. * 1778 † 1858.

Ernst August Hagen. Kunsthistoriker, Verfasser der Norica, Begründer der Altertumsgesellschaft Prussia hierselbst. * 1797 † 1880.

Karl Gottfried Hagen. Medizinalrat. * 1749 † 1829.

Christian August Lobeck. Philologe und Altertumsforscher. * 1781 † 1860.

Max Schmidt. Maler. * 1818 † 1901.

Johannes Voigt. Historiker. * 1786 † 1863.

**Alter Altstädtischer Friedhof.** Am Brandenburger Tor.

Karl Friedrich Burdach. Physiologe. * 1776 † 1847.

**Altstädtischer Friedhof** auf dem Veilchenberge.

Karl Witt. Schulmann und Jugendschriftsteller. * 1815 † 1891.

Friedrich Heisrath. Augenarzt. * 1850 † 1904.

**Domgemeinde.** Alter Friedhof am Brandenburger Tor.

Christian Jacob Kraus. Universitätslehrer. Verfechter der Adam Smithschen Nationalökonomie. Bahnbrechend für die Stein-Hardenbergschen Reformen. * 1753 † 1807.

Ludwig Rhesa. Konsistorialrat und Begründer des litauischen Seminars an der Albertina. Dichter litauischer Dainos. * 1777 † 1840.

**Domgemeinde.** Neuer Friedhof. Veilchenberg.

Constanz Bernecker. Tonkünstler und Komponist. * 1844 † 1906.

**Friedhof der freien evangelischen Gemeinde.** Vor dem Königstor.

Emil Arnoldt. Kantkenner. * 1828 † 1905.

Julius Rupp. Begründer und Prediger der hiesigen freien evangelischen Gemeinde. * 1809 † 1884. S. Gedenktafeln S. 118.

**Alter jüdischer Friedhof** in der Tragh. Pulverstrasse.

Lowe. Maler. † 1831.

**Neuer jüdischer Friedhof,** links vom Königstor.

Ferdinand Falkson. Schriftsteller. * 1820 † 1900.

Johann Jacoby. Verfasser der „Vier Fragen." Arzt. Politiker. * 1805 † 1877.

---

1) Ueber Kants Ruhestätte s. S. 94.

**Neuer katholischer Friedhof.** Vor dem Königstor.

Koschwitz, Eduard. Romanist. * 1851 † 1904.

**Löbenichtscher Friedhof.** Vor dem Königstor.

Emil Krause. Feuilletonredakteur. Theaterkritiker der Königsberger Hartungschen Zeitung. * 1844 † 1906.

Alexander Schmidt. Schulmann und Shakespeareforscher. * 1816 † 1887.

Georg Hirsch. Medizinalrat. * 1799 † 1885.

**Neurossgärter alter Friedhof.** Neben der Sternwarte.

Friedrich Wilhelm Bessel. Astronom. Erbauer und erster Direktor der hiesigen Sternwarte. * 1784 † 1846. S. Denkmäler S. 116.

Robert Caspary. Botaniker. * 1818 † 1887.

Theodor Gottlieb Hippel. Königsberger Stadtpräsident und Schriftsteller. * 1741 † 1796.

Karl Lehrs. Philologe. * 1802 † 1878.

Franz Neumann. Physiker. * 1798 † 1895. S. Gedenktafeln S. 118.

Julius Richelot. Mathematiker. * 1808 † 1875.

Albrecht Wagner. Chirurg. * 1827 † 1871 als Generalarzt der Armee in Frankreich.

**Neuer Neurossgärter Friedhof.** Veilchenberg.

Henri Jordan. Altertumsforscher. * 1833 † 1886.

**Tragheimer Friedhof.** Veilchenberg.

Gustav Hirschfeld. Archäologe. * 1847 † 1895.

Louis Köhler. Tonkünster und Musikschriftsteller. * 1820 † 1886.

Oskar Schade. Germanist. * 1826 † 1906.

**Reformierter Kirchhof.** Vor dem Königstor.

Karl August Burow. Chirurg. * 1809 † 1874. S. S. 116.

Julius Jacobson. Ophthalmologe. * 1828 † 1889. S. S. 116.

**Alter Steindammer Friedhof.** Gegenüber der Sternwarte.

Karl Rosenkranz. Philosoph der Hegelschen Schule und Literarhistoriker. * 1805 † 1879. Siehe Zur Literatur S. 152.

**Alter Sackheimer Friedhof.** Vor dem Königstor.

Julius Möller, Arzt, Politiker. * 1819 † 1887.

Ludwig Rosenfelder. * 1813 † 1881. Leiter der Kunstakademie.

Johannes Karl Leo Cholevius. Literarhistoriker und Schulmann. * 1814 † 1878.

**Im Glacis links vor dem Königstor.**

Gustav Friedrich Dinter. Bedeutender Pädagoge. * 1760 † 1831. S. Gedenktafeln S. 118.

August Wilhelm Heidemann. Oberbürgermeister von Königsberg, der an der Gründung der Landwehr hervorragenden Anteil hatte. * 1772 † 1813.

Johann Gottfried Frey. Geh. Kriegsrat und Regierungsdirektor, der hervorragende Verdienste um die Städteordnung hat. * 1762 † 1831.

**Bemerkenswerte Grabdenkmäler.**

Tragheimer Friedhof. Robert Simon, von Reusch.
Alter Domkirchhof. Wiehler.
Neuer Domkirchhof. Louis Grosskopf, von Reusch.
Alter Altstädt. Kirchhof. Wiehler.

# VIII. Geistiges Leben.

## A. Bildungsanstalten.

1. **Die Albertus-Universität,** Paradeplatz. Im Sommersemester 1910: 1381 immatrikulierte Studierende. Die Gesamtzahl der Hörer betrug 1496 Personen. Von den Immatrikulierten gehörten 78 der theologischen, 294 der juristischen, 351 der medizinischen und 658 der philosophischen Fakultät an. Auf Nationalitäten verteilt waren 1193 Preussen, 30 sonstige Reichsangehörige und 158 Nichtdeutsche. Über 40 wissenschaftliche Institute. Darunter sind hervorzuheben:[1]) Anatomie. Pathologisch-anatomische Anstalt. Physiologisches Institut. Hygienisches Institut. Laboratorium für medizinische Chemie. Institut für gerichtliche Medizin (mit Museum). Pharmazeutisch-chemisches Laboratorium. Agrikulturchemisches Laboratorium. Landwirtschaftliches Institut und Versuchsgut Waldgarten. Tierklinik. Mineralogisches Institut. Botanischer Garten. Zoologisches Museum. Geologisches Institut und Bernsteinsammlung. Mathematisch-physikalisches Institut. Physikalisches Kabinett. Sternwarte.[2])

2. **Palästra Albertina.** 3. Fliessstrasse 3/5. Gestiftet von Dr. F. Lange, Newyork, im Interesse der körperlichen Ausbildung der Studierenden. Einzige Anstalt ihrer Art in ganz Europa. (Vereinszimmer, Fechtsäle, Spielplätze, Kegelbahn, Turnhalle, Schwimmbassin, Billard-, Lesezimmer, Restauration.) Gegenwärtig sind in ihr auch die

---

1) Ueber die Kliniken der Universität vergl. S. 129.

2) Königsberger Universitäts-Kalender S.-S. 1910 (erscheint für jedes Semester). Verlag von Gräfe u. Unzer.

akademischen Seminare nebst reichhaltigen Seminarbibliotheken für Studierende untergebracht.

3. **Königliche Kunstakademie,** Königstrasse. Direktor Prof. Dr. M. Dettmann. Gegründet 1845 mit einer reich ausgestatteten Bibliothek und verbunden mit der städtischen Gemäldegalerie.

4. **Handelshochschulkurse** im Altstädtischen Rathaus, Altstädtischer Markt, eröffnet Ostern 1907. Leiter Dr. Otto Gerlach, ord. Professor der Staatswissenschaften. Vorlesungen und Übungen auf dem Gebiete der Handels-

Abb. 40. Baugewerkschule.

wissenschaft, Rechtslehre, Staatswissenschaft, Handelsgeographie, Naturwissenschaft, Geschichte und Philosophie, sowie englische, französische, russische, italienische und spanische Sprachkurse von Dozenten der Handelswissenschaft, Universitätsprofessoren und Lektoren, Gymnasialprofessoren, Beamten, Rechtsanwälten und Kaufleuten (200—300 Hörer).

5. **Königliche Baugewerkschule** mit Hoch- und Tiefbauabteilung, Schönstrasse. Eröffnet 1892. Im Winter-

semester 1909/10: 280, im Sommersemester 1910: 105 Schüler. Die Schule bildet Techniker für das Bureau und den Bauplatz, ferner die mittleren technischen Beamten (Regierungsbausekretäre, technische Eisenbahnsekretäre und für die Provinzial- und Kommunalbehörden) aus. Angegliedert ist ihr die ostpreuss. **Provinzial-Wiesenbauschule** für Meliorationstechniker und Wiesenbaumeister.

In demselben Gebäude befindet sich auch die Kgl. **Provinzial-Kunst- und Gewerkschule** (Tages- und Abendschule). Diese ist 1790 unter der Regierung Friedrich Wilhelms II. gegründet.

Abb. 41. Physikalischer Lehrsaal der Baugewerkschule.

6. Noch seien erwähnt **zwei Konservatorien** für Musik (Fiebach, Vorderrossgarten 64, und Kühns, Französische Strasse 24), eine Königl. Turnlehrerbildungsanstalt, Berlitzschule für fremde Sprachen, mehrere Seminare für wissenschaftliche und technische Lehrerinnen, eine Provinzial-Gewerbeschule für Mädchen, eine staatlich konzessionierte Militär-Vorbereitungsanstalt, eine Privatpräparandenanstalt, eine staatliche Maschinisten- und Heizerschule sowie mehrere Handels- und hauswirtschaftliche Fortbildungsschulen für Mädchen.

## B. Schulwesen.[1])

Zurzeit bestehen hier folgende höhere Schulanstalten:

Königl. Friedrichskollegium mit Wechselzöten: Jägerhofstrasse 6, gegr. 1698.

Königl. Wilhelmsgymnasium: Hintertragheim 13 (geteilte Oberklassen).

Altstädtisches Gymnasium: Altstädtische Langgasse 43. Städtisch.

Kneiphöfisches Gymnasium: Gr. Domplatz 5. Städtisch. Älteste höhere Schule. Gegr. 1304.

Königl. Hufengymnasium: Hermannallee. Reformgymnasium.

Städt. Realgymnasium: Münchenhofplatz 8.

Königl. Oberrealschule auf der Burg: Kollegienplatz 2.

Städtische Oberrealschule: Glaserstrasse 1/2. Städtisch.

Steindammer Realschule: 3. Fliessstrasse 1. Städtisch.

Vorstädtische Realschule: Böhmstrasse 2. Städtisch.

Daneben bestehen 10 städtische Mittelschulen, davon mehrere in der Entwickelung begriffen, und eine Bürgerschule. An höheren Mädchenschulen gibt es eine städtische (Königin Luise-Schule, Landhofmeisterstrasse 23, mit angegliederten Realgymnasialkursen für Mädchen) und Privatgymnasialkurse, sowie 12 private höhere Töchterschulen, teilweise verbunden mit Lehrerinnenseminaren. Von Wichtigkeit ist die Ostpreussische Mädchen-Gewerbeschule, Kasernenstrasse 4/5. Unter Beteiligung der Königl. Staatsregierung durch den Provinzialverband Ostpreussen und die Stadtgemeinde Königsberg begründet. Sie bietet Mädchen und Frauen Gelegenheit, sich für den Haushalt, einen gewerblichen Beruf, als Lehrerin der Hauswirtschaftskunde und als Lehrerin der weiblichen Handarbeiten für allgemeine Unterrichtsanstalten sowie als Gewerbeschullehrerinnen auszubilden, welche Befugnis ihr durch Allerhöchsten Erlass vom September 1909 übertragen ist. Sie gliedert sich in Haushaltungsschule, Gewerbeschule, Seminar für Hauswirtschaftskunde, weibliche Handarbeiten, sowie für Gewerbeschullehrerinnen und enthält eine Schule für allgemein bildenden Unterricht neben einem Pensionat.

Das Fortbildungsschulwesen wird gefördert durch fünf kaufmännische (3 männliche und 2 weibliche) Fort-

---

1) Vgl. E. Hollack und F. Tromnau, Geschichte des Schulwesens Königbergs. Königsberg 1899.

bildungsschulen, 5 gewerbliche Fortbildungsschulen, 1 für Arbeitsburschen. Sodann sind auf dem Gebiete der Fortbildung mehrere Handels-, Haushaltungs- und Industrieschulen tätig. Die Volksschulbildung vermitteln 29 siebenklassige Volksschulen (darunter die mit allen Errungenschaften der Neuzeit ausgerüsteten Schulgebäude Sackh. Hinterstrasse 51, Drummstrasse 32/33, Blumenstrasse, Ratshof, Turnerstrasse usw.) mit zumeist doppelten Zöten sowie 3 Hilfsschulen und eine Taubstummen- und Blindenanstalt.

### C. Vereinswesen.

1. **Wissenschaftliche Vereine.** Die Königl. Deutsche Gesellschaft (gegr. 1743). Der Verein für die Geschichte von Ost- und Westpreussen. Die Physikalisch-ökonomische Gesellschaft in ihren zahlreichen Sektionen. Die Altertumsgesellschaft Prussia. Die Geographische Gesellschaft. Der Preussisch Botanische Verein. Der Verein für wissenschaftliche Heilkunde. Der Verein für soziale Reform. Der Verein für jüdische Geschichte und Literatur.

2. **Fachwissenschaftliche und Bildungsvereine.** Der Handwerkerverein, ältester Bildungsverein am Orte. Gewerblicher Zentralverein. Der Lokal-Goethebund mit seinen mannigfaltigen Veranstaltungen auf den verschiedensten Gebieten des Wissens, namentlich auf literarischem, der durch Heranziehung moderner Autoren die Bekanntschaft derselben mit dem hiesigen Publikum vermittelt. Polytechnischer und Gewerbeverein. Der Kaufmännische Verein (Artushof). Verein Königsberger Ärzte. Der Architekten- und Ingenieurverein. Der Fischereiverein für Ostpreussen. Der Kunstgewerbeverein. Der Lehrer- und Lehrerinnenverein. Mehrere Stenographenvereine.

3. Über die zahllosen **Vereine zur Förderung der Volkswohlfahrt und Wohltätigkeit** s. Adressbuch von Königsberg, Verlag der Hartungschen Buchdruckerei.

4. **Vereine zur Pflege der Kunst.** Unter ihnen mögen nur diejenigen Erwähnung finden, welche die Tonkunst pflegen: Philharmonischer und Orchesterverein. Königsberger Musikverein. Musikalische Akademie. Singakademie. Sängerverein. Melodia. Liederfreunde. Königsberger Lehrergesangverein. Im Winter daneben zahlreiche Symphonie- und Künstlerkonzerte, Quartettabende

etc. Künstlerverein. Zwei dramatische Dilettantenvereine. Bernekerverein.

### D. Unterhaltung (Theater usw.)

Die Unterhaltung, mehr noch die Bildung auf dem Gebiete der darstellenden Kunst, pflegt ein gut geleitetes Stadttheater (Spielzeit September—Mai) mit modernem und klassischem Repertoir, bei dessen ausgewähltem Ensemble oft die hervorragendsten Sänger und Schauspieler zu Gaste sind. Gutes Orchester, schöne Innenräume, sehenswertes Restaurant mit Bildern von G. Knorr. Daneben Neues Schauspielhaus in der Passage des Rossgartens. Rollschuhpalast auf dem Steindamm sowie eine offene Sommerrollschuhbahn im Tiergarten. Im Sommer Luisen- und Edentheater auf den Hufen und mehrere Varietés. Im Winter Apollotheater, Steindamm. 2 Panoramen, Passage 4 und Königstrasse 48. Auf den Hufen, vor dem Königstor und Friedländer Tor Konzerte und Tanz in mehreren Gärten und Sälen.[1])

**Die Tagespresse** wird durch vier grössere Zeitungen (Allgemeine, Hartungsche, Ostpreussische, Volkszeitung), von nationalliberaler, freisinniger, konservativer und sozialdemokratischer Richtung vertreten. Daneben mehrere kleinere Blätter.

### E. Bibliotheken.

1. **Die Königliche und Universitätsbibliothek,** Mitteltragheim 22. Geöffnet: Die Leihstelle werktäglich vormittags von 11—1 Uhr; während des Semesters auch Montag und Donnerstag von 3—5 Uhr. Die Lesesäle während des Semesters werktäglich von 9—1 Uhr vormittags und mit Ausnahme des Sonnabends nachmittags von 3—7 Uhr. Während der akademischen Ferien bleibt die Bibliothek nachmittags geschlossen. Weit über 300 000 Bände, darunter eine wertvolle musikalische Sammlung (ältere Werke) sowie die Silberbibliothek des Herzog Albrecht. S. S. 82.

2. **Die akademische Handbibliothek, Universitätsgebäude.** Geöffnet für Dozenten und Studierende Montag und Freitag von 2—5 Uhr.

3. **Die Stadtbibliothek** in der alten Universität hinter dem Dom, Grosser Domplatz 4. Geöffnet werktäglich von

---

1) Vergl. die Konzerte im Tiergarten S. 69.

11½—1½ Uhr. Enthält ausser einem sehr reichhaltigen Bestande der verschiedensten Werke insbesondere eine Sammlung von 500 Bibeln. Insbesondere Sammlung von Prussica.

4. **Die v. Wallenrodtsche Bibliothek** im Dom. S. S. 93. Besichtigung nach vorheriger Meldung beim Beamten des Lesesaales der Königl. und Universitäts-Bibliothek.

5. **Die Bibliothek der Altertumsgesellschaft Prussia.** Königstrasse 65/67. Enthält insbesondere zahlreiche Werke über Preussens Vergangenheit. Geöffnet Mittwoch und Sonnabend von 4—6 Uhr.

6. **Die Bibliothek der Physikalisch-Ökonomischen Gesellschaft.** Lange Reihe 4.

7. **Königliche Militärbibliothek,** Friedrichstrasse 13. Mittwoch und Sonnabend 12½—2½ Uhr nachm.

8. **Die Bibliothek für städtische Elementarlehrer.** S. Schulmuseum S. 69.

Dazu kommen fünf Volksbibliotheken mit zusammen über 15 000 Bänden. (Magisterstrasse 28, Alter Garten 48, Blumenstrasse 11, Nasser Garten 2, Tragheimer Ausbau 11.)

9. **Öffentliche Lesehallen.** Öffentliche Volkslesehallen und Volksbibliothek, Magisterstrasse 28, geöffnet werktäglich von 10—1 und 5—9 Uhr, Sonntag von 5—8 Uhr nachm.; Blumenstrasse 11, werktäglich von 5—8 Uhr, Sonntag von 5—8 Uhr nachm. Lesezimmer des Kunstgewerbevereins (s. S. 56 und 66) und Lesesaal der Hartungschen Zeitung, Münchenhofstrasse 2. Lesezimmer im Königsberger Tiergarten.

## IX. Gesundheitspflege.

1. **Königl. Kliniken und öffentliche Krankenhäuser.** Städtisches Krankenhaus, Hinterrossgarten 63/70a. Barmherzigkeit, Hinterrossgarten 34/45. St. Elisabeth-Krankenhaus (Graue Schwestern), Ziegelstrasse 4/6. Ferner ein Städtisches Siechenhaus, Waisenhausplatz 7b und eine städtische Heimstätte für Genesende in Luisenthal, sowie ein Erholungsheim für Kinder in Ratshof.

Hierzu treten folgende Universitätskliniken: Medizinische Klinik, Drummstrasse 25/29. Chirurgische Klinik und Poliklinik, Lange Reihe 2. Frauenklinik und Poliklinik, Drummstrasse 22/24. Augenärztliche Klinik und Poliklinik, Lange Reihe 1. Psychiatrische Klinik, Hinterrossgarten 63/69 (in der städtischen Krankenanstalt). Medizinische Poliklinik, Drummstrasse 31a. Poliklinik für

Kinderkrankheiten, Wagnerstrasse 14. Poliklinik für Haut- und Geschlechtskrankheiten, Lange Reihe 12. Poliklinik für Ohrenkrankheiten, Nikolaistrasse 39. Poliklinik für Hals- und Nasenkrankheiten, Drummstrasse 8. Zahnärztliches Institut, Paradeplatz 4c.

Weiter sind folgende medizinische Universitäts-Institute zu erwähnen:

Abb. 42. Segelsport.

1. Anatomisches Institut, Oberlaak 8/9.
2. Physiologisches Institut, Kopernikusstrasse 1/2.
3. Institut für medizinische Chemie und experimentelle Pharmakologie, Kopernikusstrasse 3/4.
4. Pathologisch-anatomische Anstalt, Kopernikusstr. 3/4.
5. Hygienisches Institut, Steindamm 6.
6. **Institut für gerichtliche Medizin, Oberlaak 10.**

**Naturwissenschaftliche Universitäts-Institute:**

1. Physikalisches Kabinett, Steindamm 6.
2. Mathematisch-physikalisches Laboratorium, Steindamm 6, Hofgebäude.
3. Sternwarte, Besselplatz 4.
4. Chemisches Laboratorium, Drummstrasse 21.
5. Pharmazeutisch-chemisches Laboratorium, Besselstrasse 21.
6. Landwirtschaftliches Institut. Abteilung I: für Tierzucht und Betriebslehre, Tragh. Kirchenstrasse 83; Abteilung II: fur Pflanzenbau, Tragh. Kirchenstrasse 74; Abteilung III: Tierklinik, Tragh. Kirchenstrasse 83.
7. Agrikulturchemisches Laboratorium, Tragh. Kirchenstrasse 83.
8. Zoologisches Museum, Sternwartstrasse 1.
9. Botanischer Garten, Besselplatz 2/3.
10. Geologisch-paläontologisches Institut und Bernsteinsammlung, Lange Reihe 4.
11. Mineralogisches Institut, Steindamm 6.
12. Geographische Sammlung, Universität.

2. **40 Privatkliniken.** Das orthopädische Institut in der Klinik von Dr. Hoeftmann (Zander-Institut), Hintertragheim 8b. Sanatorium für Nervenkranke in Speichersdorf. Alles weitere siehe Adressbuch.

3. **Bäder.** Drei öffentliche Flussbadeanstalten (unentgeltlich) befinden sich im Pregel und zwar an der Köttelbrücke, dem Litauer Baum und an der Hohen Brücke, sowie eine Schwimmbadeanstalt am Hammerteich; daneben bestehen fünf private Badeanstalten an der Köttelbrücke (Südseite), der Hohen Brücke (Nordseite), oberhalb der Hohen Brücke (Zugang vom Friedländer Torplatz (Grothes Schwimmanstalt), im Oberteich eine vor dem Rossgärter Tore und zwei vor dem Tragheimer Tore. (Badeinsel.) Schwimmbäder (Sommer und Winter geöffnet) Palästra Albertina, 3. Fliessstrasse 3/5, und Preussenbad, Steindamm 40.

Am Oberteich befindet sich ausserdem eine Badeanstalt, welche ausschliesslich zur Förderung des Schwimmens und Badens von Schulkindern bestimmt ist. Sämtliche Volksschüler und Schülerinnen erhalten unentgeltlich Bad und Schwimmunterricht. An Warmwasserbadeanstalten sind vorhanden: 2 Volksbrausebäder (Neue Dammstrasse 35 und Sackheim 108a) und vier private Bäder (Hermannsbad, Vordere Vorstadt 17/18, Neptunbad,

Tragheimer Passage 8, Palästra Albertina, 3. Fliessstrasse 3/5 und Preussenbad, Steindamm 43/44).

**Seebäder.** In kürzester Zeit sind zu erreichen: Cranz, mit der Cranzer Bahn (35 Minuten). Sonntäglich im Sommer bis 26 Züge. Rauschen, Neukuhren, Warnicken und Georgenswalde an der Samlandbahn, Neuhäuser und Pillau an der Pillauer Bahn, sowie Palmnicken (1—1½stündige Entfernung). Entfernter liegen Schwarzort auf der Kurischen Nehrung (6stündige Bahn- und Dampferfahrt).[1]

4. **Spiel und Sport.** Die Stadt verfügt über fünf grosse Jugendspielplätze vor den Toren der Stadt, unter denen

Abb. 43. Segelsport.

namentlich der vor dem Steindammer Tor gelegene, nach seinem Stifter, Stadtrat Prof. Dr. Walter Simon genannte, sowie der vor dem Nassengärter- und Friedländer Tor, und der vor dem Tragheimer Tor gelegene (Herzog Albrecht-Allee, Ecke Wehnerstrasse) Sportplatz Maraunenhof hervorzuheben sind.[2] An sportlichen Vereinigungen wären ausser den zahlreichen Radfahrerklubs und einem Automobilklub noch zu nennen:

---

1) Vergleiche weitere Ausflüge S. 143.

2) Kleine Spielplätze innerhalb der Stadt: der Paradeplatz, Jahrmarktsplatz, Bergplatz, Arresthausplatz, Holländerbaumplatz, Rhesa- und Nachtigallensteigplatz sowie auch der Kurfürstendamm mit geräumiger Mittelpromenade.

**Rennsport.** Verein für Pferderennen und Pferdeausstellung in Preussen. (Rennbahn in Carolinenhof vor dem Rossgärter Tor.)

Abb. 44. Rudersport auf dem Pregel.

**Wassersport.** Segelklub „Rhe" E. V. (gegr. 1855). Klubräume Sommer und Winter Kai Nr. 7. Klubhafen und Bootshaus an Fort Friedrichsburg. 238 Mitglieder. 7 Klub-, 12 Privatjachten.

Segelklub „Baltic" E. V. (gegr. 1882). Schwimmendes Klubhaus, das während der Segelsaison im Klubhafen am Fort Friedrichsburg liegt, im Winter an einen geeigneten Liegeplatz in dem Hafen der inneren Stadt geschleppt wird. 100 Mitglieder. 4 Klub-, 10 Privatjachten.

Segelklub „Wiking" E. V. Gegründet 1908. 1. April 1910: 56 Mitglieder. Vereinslokal und Bootshafen Gr. Friedrichsberg am Holsteiner Damm.

Königsberger Ruderklub. Bootshaus am Friedländer Tor. Gegründet 1889. Ältester Ruderklub Ostpreussens. 316 Mitglieder, darunter 134 aktive Ruderer. Der Bootspark umfasst 9 Rennboote und 10 Übungs- und Tourenboote. Neben dem schulmässigen Rudern im Tourenboot pflegt der Klub in den letzen Jahren auch den Rennsport. Dem Klub ist die „Akademische Ruderriege" mit eigenem Bootspark angegliedert. Auch hat die „Primaner-Rudervereinigung des Königl. Friedrichskollegiums" mit drei Schulbooten im Bootshaus des Klubs ihr Domizil aufgeschlagen.

**Ruderklub Germania.** Bootshaus im Sommer am Holländer Baum, im Winter Versammlungsort der Mitglieder Theaterrestaurant. Gegründet 1896. 280 Mitglieder, darunter 91 aktive Ruderer mit 19 Fahrzeugen.

**Ruderklub Prussia.** Vereinslokal im Winter und Sommer Börsenstrasse 4. Gegründet 1902 mit gegenwärtig über 200 Mitgliedern, wovon 75 aktiv sind. Der Bootspark enthält 14 Boote, teils Renn-, teils Tourenboote.

**Ruderheim** der Königsberger höheren Schulen. Friedländer Tor.

**Mehrere Schwimmklubs.**

## Luftsport.

Zu erwähnen wäre noch der neu gegründete Verein zur Hebung der Luftschiffahrt, der durch die Aufstiege seines Ballons „Ostpreussen" von seinem Übungsplatz bei Neue Bleiche das Interesse an der Luftschiffahrt rege hält.

## Eissport.

**Klub der Schlittschuhläufer.** Bahn: südliche Schlossteichhälfte und Plantage. Weitere Eisbahnen auf dem Oberteich und im Tiergarten.

Ausserdem eine Reihe von **Tennisklubs,** die auf den städtischen Spielplätzen, im Tiergarten oder an selbst gemieteten Plätzen ihre Spiele sportmässig betreiben.

Rasensport.

**Fussballklub Königsberg.** Fussball, leichte Athletik. Walter Simonplatz.

Abb. 45. Eissport.

**Sportklub Ostpreussen.** E. V. Leichte Athletik, Fussball, Tennis, Eissport. Eigener Platz Maraunenhof. (Herzog Albrecht-Allee, Wehnerstrasse.)

**Akademischer Sportklub.** Leichte Athletik, Turnen, Fechten, Boxen. Platz wie vor.

**Fussballklub Prussia** (Kleiner Exerzierplatz neben Kaserne Sprind).

**Sportzirkel Samland** (Zirkusplatz).

**Fussballklub Merkur** (Herzogsacker).

**Fussballklub Germania** (Zirkusplatz).

**Fussballklub Viktoria** (Herzogsacker). Die vier letzteren Fussball und leichte Athletik.

### 5. Turnen.

**Der Männerturnverein, der Turnklub, Turnvereinigung Königsberger Lehrer, Königsberger Turnerbund, der Damenturnverein, Damenturnklub.** Städtische Turnhalle Jahrmarktsplatz.[1])

## X. Kleinere Ausflüge.

Die Festung, die in der jetzigen Form im 19. Jahrhundert angelegt ist, bringt schattige Verbindungswege vor den Toren (Glacis), die zu Promenaden freigegeben sind. Vor fast allen Toren Gartenetablissements mit Konzert- und Tanzsälen.

Durch das Steindammer Tor (Elektrische Bahn bis Juditten) führt die Hauptstrasse (links) ab. Rechts vom Fahrwege führt eine Strasse nach den Bürgergärten mit schöner Schlucht. Daselbst Freilichtmuseum mit ostpr. Fliehburg, Hügelgrab, litauischem Bauernhaus, Fischergehöft, Mühle, später Holzkirche u. a. m. Die prächtige Hauptstrasse entlang weiter nach dem im Jahre 1892 angelegten, 6,83 ha grossen, nach seinem Gründer Stadtrat a. D. Professor Dr. Walter Simon benannten Jugendspielplatz, der auch der erwachsenen Jugend Gelegenheit zur Ausübung des mannigfaltigsten Sports bietet. Weiter rechts der im Jahre 1895 angelegte Tiergarten (vergl. Sehenswürdigkeiten S. 68), sowie eine Reihe der weiteren Konzertgärten (s. Unterhaltung S. 128). Daran schliesst sich der Park von Luisenwahl mit Erinnerungen an die Königin Luise. Dem Eingang zum Park gegenüber das schon im geschichtlichen Teil erwähnte, höchst einfache Gartenhaus, in welchem die Königl. Familie den Sommer 1808 verlebte. Hier zahlreiche Erinnerungen an die Königin Luise. In unmittelbarer Nähe Luisenwahls die in

1) Ein grosser Turnplatz vor dem Rossgärter Tor ist im Besitz des Männerturnvereins.

Anwesenheit des Kaisers geweihte, in romanischem Stile erbaute Luisenkirche. Der elektrischen Bahn folgend, gelangt man durch die im letzten Jahrzehnt entstandene Villenkolonie Amalienau mit den neu geschaffenen Zwillingsteichen und den Tennisplätzen. Schöne Neubauten im modernen Villenstil; daselbst Gasthaus zum Korinthenbaum (schöner Blick auf das Pregeltal) und weiter zur katholischen Adalbertskapelle. Überschreitet man das Bahngeleise, das über die Lawsker Allee führt, so geht rechts ab ein Weg durch die Werderallee mit alten Linden nach dem baumreichen Park des städtischen Genesungsheims Ratshof, das auch vom Landgraben aus oder von Hammer (Luisenallee, Hammerweg führen auch dahin) erreicht werden kann. Die Lawsker Allee längs der Bahn hat links mehrere Verbindungswege nach dem Pregelbahnhof sowie nach dem Treideldamm (Pregel). Weiter rechts an der Lawsker Chaussee das Gesellschaftshaus Belvedere. Von da durch Lawsken bis zur Wegtrennung, rechts ab nach der Kirche Juditten. Die Dorfkirche eine der ältesten des Samlandes. Ende des 14. Jahrhunderts Wallfahrtsort. Das stille Gotteshaus ist von der Königin Luise während ihres Aufenthaltes in Luisenwahl häufig besucht worden. Heute erinnert dort ein Bild von Knorr an sie, auch das Altarbild von demselben Künstler beachtenswert. An den Wänden sind alte Wandgemälde aufgedeckt und restauriert worden. Geburtsort Joh. Chr. Gottscheds, der hier am 2. Februar 1700 geboren. In der Kirchengruft die Gebeine des Feldmarschalls Lehwald (1757 von den Russen bei Gross-Jägersdorf geschlagen). Stadtpark Juditten.

Durch das Steindammer Tor (Ringbahn) (s. S. 46) an den Bahnhöfen vorbei bis zum Landgraben. Von da bis zum Fürstenteich und weiter hinaus bis Gasthaus Wilky. Links ab nach Stadtpark Juditten, Luisental, Bahnhof Juditten oder elektrische Bahn. Von Juditten aus bei Luisental rechts ab bis zur Ringchaussee, dem Landgraben folgend (vergl. Wasserleitung S. 32) gelangt man nach zweistündiger Wanderung auf schattigen Wegen nach dem lieblich gelegenen Kirchdorfe Wargen mit seinem seeartigen, von alten Eichen umstandenen Mühlenteiche. Unmittelbar daran das dem Grafen Lehndorff gehörige malerische Schloss Preyl mit den grossartigen Resten einer altpreussischen Wallburg.

Den Landgraben entlang bis Philippsteich (Abken). Von da links ab über Gr. Friedrichsberg nach Forst-

Abb. 46. Landgraben.

haus Moditten (Lieblingsaufenthalt Kants), von wo aus etwa 20 Minuten Weg nach Juditten oder Metgethen (Bahnstationen der Pillauer Bahn). Verbindungsweg von Moditten (schöne Lindenallee) nach Holstein (4 Kilometer) Pregelmündung (6,4 Kilometer von Königsberg). Weiter längs dem Landgraben bis Trankwitz, von wo über Rablacken ein Landweg an Schloss Metgethen vorbei nach dem Bahnhof Metgethen führt oder von Rablacken den Landgraben weiter verfolgend bis Wargen. (Siehe S. 137.)

Vom Volksgarten durch das Ausfalltor schattiger Verbindungsweg (links nach dem Pregel) (rechts nach den Hufen) in gerader Richtung am Veilchenberg (20 Minuten) vorbei nach dem Pregelbahnhof. Verbindungsweg rechts nach Luisenwahl, links nach dem Pregel.

Vom Treidel- oder Holsteiner Damm (am rechten Pregelufer) führen mehrere Wege rechts ab nach Luisenwahl (Hufen), Pregelbahnhof sowie nach dem Park Gr. Ratshof. Wer Königsberg als Handelsstadt kennen lernen will, der folge dem Holsteiner Treideldamm, der den Pregel rechts bis zu seiner Mündung begleitet. Dort breitet sich Cosse mit seinen Ladebrücken, seinen mächtigen Holzlagern und Schneidemühlen aus. Rechts am Eingang, gegenüber dem Klubhaus des Rudervereins Germania, die neuerbaute städtische Gasanstalt und der Bahnhof des Elektrizitätswerkes. Etwa zwei km entfernt die Gebäude der Walzmühle und des Silospeichers. (Vergl. Königsberg als Handels- und Industriestadt, S. 22.) Den Endpunkt des eingeschlagenen Weges bildet Gut und Gasthaus Holstein (6,4 km von Königsberg) an der Mündung des Pregels. Interessant wegen des dort aufblühenden Wassersports. (Vergl. S. 133.)

Vom Tragheimer Tor oder vom Rossgärter Tor, oder von dem Wrangelturm zwischen beiden Toren durch die Cecilien-, Victoria-, Herzog Albrecht-Allee, oder per Motorboot (Wrangelturm) über den Oberteich nach dem Gasthaus Villa Oberteich, von da zu Fuss durch neu angelegte Strassen vom Ottokarplatz links ab nach dem Aschmannpark (Eichenwald) Waldschlösschen (eine Stunde Gang). Ebenso mit der elektrischen Bahn vom Münzplatz bis zum Ottokarplatz zu erreichen. Vom Tragheimer Tor bis zum ersten Wegweiser rechts ab nach den Oberteichanlagen, bis zum zweiten Wegweiser rechts ab nach der Stadtgärtnerei und dem Aschmannpark (ca. 45 Minuten).

Abb. 47. **Kastanienallee.**

Vom Rossgärter Tor rechts ab nach dem Rennpark Karolinenhof, links nach den Oberteichanlagen und Maraunenhof, in gerader Richtung bis Rothenstein, hinter Rothenstein rechts ab auf dem Landwege über Dorf Kummerau und von da auf erlaubter Radialchaussee bis zur Chaussee am Stadtpark Kalthof vorbei nach dem Königstor.

Vom Königstor mit der elektrischen Bahn bis zur letzten Haltestelle (Stadtpark Kalthof 10 Minuten vom Tor) oder mit Kleinbahn bis Mandeln. Von da rechts bis Eichenkrug und über Eichenkrug nach Neuhausen (40 Minuten von Mandeln).

Vom Sackheimer Tor (Kupferteich) rechts ab über Liepkrug nach dem durch seltene Pflanzen ausgezeichneten Ellernbruch (nur bei sehr trocknem Wetter betretbar). Vom Sackheimer Tor gerade aus 7,4 km über Lauth nach Arnau (s. Dampfer S. 42). Von Lauth den See links lassend nach dem Pillenberg (interessanter alter Burgwall) über Rodmannshöfen, Bladiau, Tropitten nach Eichenkrug. Von dort entweder nach Mandeln (Haltestelle der Kleinbahn Königsberg-Tapiau) oder nach Kalthof (Elektrische Bahn durch das Königstor) oder nach Neuhausen (Kleinbahn-Tiergarten).

Vom Friedländer Tor nach kurzer Wegstrecke entlang der elektrischen Bahn rechts ab bis zum Schlachthof, von da nach Park Aweiden, 30 Minuten Weg. Hinter dem Schlachthof von der Hauptstrasse nach Aweiden führt rechts ein Weg vor der Nervenheilanstalt Speichersdorf, später zur Brauerei Ponarth und von da Verbindungsweg nach Schönbusch.

Durch das Brandenburger Tor, folgend der elektrischen Bahn, über den Viadukt nach Schönbusch, Park, Brauerei, Gasthaus. Die Chaussee führt weiter über Spandienen, Kalgen, Gasthaus Hoffnung bis Brandenburg am Frischen Haff.

Von der Grünen Brücke per Dampfer nach dem Kaibahnhof oder durch die Bahnhofstrasse am Fort Friedrichsburg vorbei zu dem mit Weiden bepflanzten Deich (Poetensteg) zwischen Nassen Garten und Pregelwiesen nach dem sogenannten Nassengärtner Tor, von da zehn Minuten bis Schönbusch. Durch das Brandenburger Tor den Nassen Garten entlang bis zum Nassengärter Tor, von da rechts nach Gut Contienen, entlang am Pregel bis Haffstrom durch eine sehenswerte Niederung mit Muschelkalkablagerung am Haffufer. Kurz vor der Mündung des Pregels bei Wehrdamm Fähre nach Holstein.

**Dampferfahrten:**

Dampferfahrten pregelaufwärts von der Holzbrücke nach Arnau, pregelabwärts von der Grünen Brücke mehrere Male täglich mit Ausnahme von Donnerstag von mittags ab nach dem Silospeicher am Treideldamm, nach Holstein und nach den Haffdörfern Gr. Heydekrug und Zimmerbude, von wo Verbindungswege nach den Bahnstationen der Pillauer Bahn führen. Wöchentlich regelmässig zweimal Verbindung nach Brandenburg, Frisches Haff. Ausserdem s. S. 43.

**Eisenbahnfahrten:**

Mit der Cranzer Bahn (Bahnhof vor dem Steindammer Tor) nach Gr. Raum mit seinen reichen Waldungen. Verbindungswege über Dammteich nach Trenker Waldhaus (Samlandbahn).

Mit der Pillauer Bahn (Lizentbahnhof) bis Juditten (s. S. 127), Metgethen. In ¼stündiger Fahrt erreicht man den herrlichen Kiefernwald von Metgethen und von da nach halbstündigem Gange auf schattigem Waldwege über die Rieselfelder das friedliche Vierbrüderkrug, dessen öfters erneuerte, oben von vier behelmten Häuptern gekrönte Denksäule an eine Episode der blutigen Kämpfe zwischen dem Orden und den alten Preussen erinnert. Neu entstandene Wald-Villenkolonie Hubertusteich. Von Metgethen gelangt man mit der Bahn weiter nach Powayen, von da entweder südlich nach Gr. Heydekrug-Holstein oder nördlich über Medenau, (Kirchdorf) Cumehnen nach dem Galtgarben, zurück über Prilacken-Medenau, Powayen oder nach Drugehnen, Bahnstation der Samlandbahn.

Mit der Samlandbahn (Bahnhof hinter dem Cranzer Bahnhof): nach dem Trenker Waldhaus am Rande der Fritzener Forst; nach Mednicken und von dort einige Schritte zurück und dann nach rechts ab über Mühlfeld durch den Wald nach Wargen. Von Willgaiten (Bahnstation): Ausflug nach den Wiekauer Wasserwerken (Denkmal für den Oberbürgermeister Hoffmann). Nach Drugehnen (Bahnstation): Ausflug nach dem Hegeberg und Galtgarben (Ringwälle einer altpreussischen Befestigungsanlage, Bismarckturm, Denkmal für die Freiheitskämpfe, Grab des Kriegsrats Scheffner † 1820). **Nach Marienhof: Kurhaus Dellgienen.**

Mit der Ostbahn (Ostbahnhof) nach Löwenhagen (Ausflugskarten am Sonntag), durch den Wald nach Schloss Friedrichstein mit kostbaren Sammlungen des Grafen Dönhoff.

Mit der Ostbahn (Ostbahnhof) nach Ludwigsort (Sonntagsausflugskarten), von da Fusstour nach dem Frischen Haff (Brandenburg, mit Patersort).

Mit der Ostbahn (Ostbahnhof) nach Gr. Hoppenbruch. Von da Fusswanderung 4 km nach der Burgruine Balga am Frischen Haff. Weitere Wanderung von ca. zwei Stunden vom Bahnhof Wolittnick nach dem Haff zu über Wolittnick, Kahlholz—Balga.

Mit der Königsberger Kleinbahn (Bahnhof am Königstor) nach dem viel besuchten Neuhausen, einem

Abb. 48. Cranz vom Wasserturm aus gesehen.

Kirchdorfe nebst einem alten Schloss und ehemaligem Tiergarten aus herzoglicher Zeit. Von da nach Eichenkrug (Ausflugskarten). Ebendahin auch mit der Labiauer Bahn.

## XI. Grössere Ausflüge.

(Am besten für einen Tag.)

In erster Linie wird allen Fremden der Besuch der herrlichen Samlandküste empfohlen, die auf drei Bahnlinien, Cranzer, Samland- und Pillauer Bahn in ¾—1½ Stunden zu erreichen ist. Besonders sehenswert ist der

Abb. 49. Strandpromenade in Cranz.

Abb. 50. Strand von Warnicken.

Nordstrand mit den Badeörtern Cranz, Neukuhren, Rauschen und Warnicken.[1])

1. **Cranz,** 28.2 km von Königsberg entfernt. Vom Cranzer Bahnhof vor dem Steindammer Tor in 38 Minuten zu erreichen. Ausflugskarten von Königsberg nach Cranz und zurück, giltig an allen Sonn- und Feiertagen, an den Wochentagen für die Nachmittagszüge von 1 Uhr ab. Hotels: Gr. Logierhaus, Ostseehotel, Schloss am Meer, Strandhotel, Justs Hotel u. a. m. Ursprünglich ein Fischerdorf, hat sich Cranz in neuerer Zeit zu einem eleganten Badeorte entwickelt. Frequenz 12 000 Badegäste. Saison 1. Juni bis 25. September. Während dieser Zeit täglich auf dem Korso Konzert der Badekapelle. Zwischen dem Herren- und Damenbade eine 700 m lange Uferpromenade, von der sich ein herrlicher Ausblick auf die See und auf das bunte Leben und Treiben am Strande bietet. Am Ostende der Promenade die Plantage mit wohlgepflegten Wegen, Spiel- und Sportplätzen nebst hübschen Durchblicken nach der See. (Dumckeshöhe und Belvedere.) Durch die Plantage Spaziergänge nach dem Fichtenhain, dem Waldhause und Klein-Thüringen. Am Haff Schwentlund und Försterei Grenz, ca. 7 km., Sarkau 15 km entfernt am Beginn der Kurischen Nehrung.

2. **Neukuhren,** 35 km von Königsberg entfernt. Vom Samlandbahnhofe vor dem Steindammer Tor in ca. einer Stunde zu erreichen. Tagesausflug. Anmutig idyllisch am Strande gelegen. Hotels: Ostseehotel, Kurhaus, Bahnhofshotel. Pensionate.

Vom Strandberge schöner Ausblick, besonders bei Sonnenuntergang über die zwischen der Rantauer und Wanger Spitze liegende Bucht. Treppen führen zu den Badezellen hinab. Der Hohlweg führt am Strande entlang oder auf den bebauten bis 25 m hohen Dünenbergen, an der „Heinrichschlucht“ vorüber, nach der Wanger Spitze mit schöner Fernsicht. Zu weiteren Ausflügen ist auch das 4 km entfernte Tykrehnen geeignet. Weg am Lachsbache entlang, zum „Borstenstein“.

3. **Rauschen,** 37 km von Königsberg, 5 km von Neukuhren entfernt, von ersterem in ca. 80 Minuten Bahnfahrt zu erreichen, das lieblichste Idyll der ganzen sam-

1) Vergl. den beigegebenen Plan. Vergl. auch Führer durch Samland von Hensel; durch das nordwestl. Samland v. Prof. Dr. H. Zühlke; durch Neukuhren und Umgebung vom Neukuhrener Verschönerungsverein; Lentschat u. Loch, Karte des nordwestlichen Samlands, Hartungsche Verlagsdruckerei.

ländischen Küste. Hotels: Auf der Düne. Kurhaus Rauschen, Hotel Düne, Ostseehotel, Hotel

Abb. 51. Zipfelberg bei Grosskuhren bis zum Wachbudenberg.

Seestern, Logierhaus „Folchmanns Höh". Im Orte: Hotel Bosin, Liedtkes Hotel, Kurhaus Sanssouci, Zentralhotel. Rauschen liegt an einem Teich und ist von der

10*

See durch die Düne getrennt, auf der sich das Kurhaus und zahlreiche stattliche Villen sowie Hotels erheben. Im Süden lehnt sich an den Teich ein Kiefernwald mit einem Netz von wohlgepflegten Gängen und Aussichtspunkten (Wichertshöhe) an. Hierher gelangt man am leichtesten von Station „Rauschen Ort“, während man zum Strande am schnellsten von der Haltestelle „Rauschen Düne“ gelangt. Hier grosses Warmbad. Zum Strande elektrische Drahtseilbahn. Südlich von Rausehen die Katzengründe, eine Waldpartie von labyrinthischer Verworrenheit.[1])

4. **Der Strand zwischen Rauschen und Warnicken** gehört besonders von der Gausupschlucht an wohl zu den

Abb. 52. Kurische Nehrung (Wanderdüne).

lohnendsten Partien der deutschen Ostseeküste. Steil fällt hier das bewaldete Ufer über 50 Meter zum Meere ab. Schlucht reiht sich an Schlucht, und dem Auge des Wanderers bieten sich immer neue Partien und neue Ausblicke dar. Es empfiehlt sich daher Wanderung an der Küste von Warnicken bis Rauschen oder umgekehrt (2 Std.). Weniger rüstige Fussgänger fahren mit der Bahn bis Georgenswalde und machen einen Teil der Tour

[1]) Zühlke, Neue Karte durch die Katzengründe. Bons Verlag.

zu Fuss. Auf die Gausupschlucht folgen gegenüber Georgenswalde der Wolfskessel, die Detroitschlucht, die Blaue Rinne, der Götterhain, Elisenhöh, Erster Gedanke, Augenweide, Fuchsschlucht, Gebauershöh. Von hier führen ca. 200 Stufen in die Wolfsschlucht hinab, die mit dem Park des Kurhauses Warnicken das Endziel der Tour bildet. Gasthaus auch am Bahnhofe. Auf der Westseite der Wolfsschlucht sind noch Königshöhe und Collisschlucht. Ein weiterer Ausflug auf der Landstrasse (2 km) nach dem Fischerdorfe Gr. Kuhren mit dem jetzt teilweise eingestürzten Zipfelberge. Weitere $4\frac{1}{2}$ km nach dem einem Gebirgsdörfchen ähnlich sehenden Kl. Kuhren mit dem 61 m hart zum Meere abfallenden Wachbudenberge (bemerkenswerte Schlucht bei Klein-Finken). Weiterhin Dirschkeim. An der Nordwestspitze Samlands das 1846 errichtete Blinkfeuer von Brüsterort. In Warnicken befindet sich auch die Endstation der Samlandbahn, die uns wieder nach Königsberg zurückführt.

5. **Die Kurische Nehrung,** ein schmaler Landstreifen, der das Kurische Haff von der Ostsee trennt. Seine Länge beträgt 97 km, während die Breite zwischen 0,5 und 4 km schwankt. Die Nehrung ist besonders durch ihre gewaltigen Sanddünen bekannt, die 12 km von Cranz, bei dem Nehrungsdorfe Sarkau beginnen und sich fast ununterbrochen bis Memel hinziehen. Ihre Höhe beträgt oft 60—70 m. Sie stehen nie still, sondern wandern infolge der Westwinde stetig nach Osten weiter, Wälder, menschliche Siedelungen unter sich begrabend. Erst in jüngster Zeit ist es gelungen, einige von ihnen, die ganze Ortschaften bedrohten, durch geeignete Bepflanzung festzulegen und so diese vor dem Untergange zu retten. Die ostpreussische Wüste wird von Ornithologen, Geographen und Altertumsforschern vielfach besucht.

**Rossitten,** 2 Gasthöfe, 2 Stunden von Cranz entfernt, auch von Cranzbeek per Dampfer zu erreichen, liegt an der breitesten Stelle der Nehrung, gleich einer Oase in der Sandwüste. In der Nähe der „Schwarze Berg", 57 m hoch; hinter dem Dorfe der Möwenteich, ein Tummelplatz ungezählter Möwen. Etwas weiter Müllershöhe, die höchste bepflanzte Düne der Nehrung. Zwischen Dorf und See die Plantage mit herrlichem Baumbestande. In Rossitten ornithologische Station. Hinter Rossitten kommt noch das seltene Elchwild vor, das hier sorgsam gepflegt wird.

**Nidden,** 3 Gasthöfe, grösstes Dorf der Kurischen Nehrung. Der wahre Typus eines Nehrungsdorfes, oft von Landschaftsmalern aufgesucht. Über die armseligen Nehrungsdörfer Preil und Perwelk nach dem Seebadeort

**Schwarzort.** Klimatischer Kurort und Seebad, von amphitheatralisch aufsteigenden bewaldeten Höhen rings umgeben. Hotels: Hotel Kurischer Hof, Hotel Bachmann, Sturmhöfels Hotel nebst vielen Pensionaten und Villen. Der höchste Gipfel der bewaldeten Höhen, der sogenannte Blocksberg, erhebt sich 66 m hoch über den Spiegel der Ostsee und bietet von seinem Aussichtshäuschen einen weiten Überblick über die Nehrung, das Haff bis tief in die Ibenhorst und über das endlos sich hindehnende Meer. Herrliche Aussichtspunkte bieten Schlieckmannshöhe, Gartenlaubenbank etc. Abstecher von Schwarzort nach Memel mit Sandkrug, Bad Försterei und über die russische Grenze.

6. **An der Westküste des Samlandes** liegen die Badeörter Neuhäuser, Pillau und Palmnicken. Alle drei vom Lizentbahnhofe mit der Südbahn bequem zu erreichen.

**Neuhäuser,** 40,8 km von Königsberg entfernt. In etwa einstündiger Fahrt zu erreichen. Hotels: Kurhaus, Riechs Hotel, Pens. Quisisana u. a. m. Ruhiger Badeort. Herrlichster Ausblick von der 1 km südlich gelegenen „Jubiläumshöhe“, von der man über die ganze Halbinsel mit den Dörfern Alt-Pillau und Wogram, dem Pillauer Leuchtturm und über Neuhäuser hinweg bis Lochstädt und Fischhausen blickt. Weiter am Horizont der „Grosse Hausen“ und der Turm von Germau. Nördlich vom Badeort liegt der Pilzenwald mit herrlichem Buchenbestande und reizenden Ruhe- und Aussichtspunkten. Waldkrug „Pilzenkrug“. Auf der Westseite die Dünenwaldungen, die sich bis Pillau hinziehen.

**Pillau,** der Vorhafen von Königsberg, mit Leuchtturm und gewaltigen Molenwerken, die sich etwa 1 km weit ins Meer erstrecken. Hotel Deutsches Haus und British Hotel. Die Besteigung des Leuchtturms ist gegen ein Trinkgeld gestattet. Im Norden die Plantage mit dem Plantagenrestaurant und der Strandhalle. Empfehlenswert ist für gute Fussgänger die Tour von Pillau nach Neuhäuser, den Strand entlang durch die Dünenwaldung (ca. 1½ Stunden). Desgleichen eine Wanderung über die Frische Nehrung, welche durch die neu errichtete Fähre leicht zu erreichen ist. (Täglich 10 Fahrten.)

**Palmnicken,** von Germau zu Fuss über den Grossen Hausen (alte Wallburg), (von Königsberg über Fischhausen direkte Bahnverbindung) mit schönem Park und Logierhaus. Schlosshotel und Gasthof „Glück auf". Palmnicken ist besonders bekannt durch die dortigen Bernsteinwerke, deren Besichtigung gestattet ist. Karten à 50 Pf. sind dazu in dem Verwaltungsgebäude neben dem Bahnhofe zu lösen.

**Fischhausen** am Frischen Haff. 3 km von Fischhausen entfernt liegt das Dörfchen Tenkitten mit dem St. Adalbertskreuz auf einer 18 m über dem Meere liegenden Anhöhe, allwo 997 der Apostel der alten Preussen, Adalbert von Prag, den Märtyrertod erlitten haben soll. Ehemals hier eine berühmte Wallfahrtskirche, auf deren Resten das 1822 bezw. 1831 errichtete, 1897 neu hergestellte Kreuz sich erhebt. Promenade nach dem reizend gelegenen Rosental, das viel von Königsbergern besucht wird. Von hier aus auf der Chaussee oder am Haffufer nach dem alten Ordensschloss Lochstädt mit neu aufgedeckten Wandgemälden und dann durch den Pilzenwald nach Neuhäuser, wo wieder die Bahn erreicht wird. Hotel Deutsches Haus. Hotel zur Südbahn. Hotel Höllger.

Mit der Ostbahn über Braunsberg—Haffuferbahn nach dem Domberg von Frauenburg, weiter bis Cadinen, Panklau (Buchenwaldungen); von Tolkemit mit dem Dampfer nach Kahlberg.

Mit der Ostbahn nach Zinten (Kurhaus „Waldschloss" im herrlich gepflegten Stadtwalde). Sonntags billige Ausflugskarten, und nach Wildenhoff; daselbst im Stablack dickstämmige Rotbuchen. Nachmittags nach Mehlsack (Walschtal, sehr lohnend.) Sonntags billige Ausflugskarten.

Mit der Ostbahn nach Kukehnen, von da über die Silberberge (Stradicktal) bis Creuzburg am romantischen Keistertal, das auch von Tharau auf neu errichteter Nebenbahn leicht zu erreichen ist.

Mit der Ostbahn nach Heilsberg (sehenswertes Schloss), dem nach der Marienburg grossartigsten Bau der Ordenszeit, mit schönen Spaziergängen an Alle und Simser.

Mit der Ostbahn nach Allenstein. Stattliche Ordensburg und wundervoller Stadtwald auf den hohen Ufern der Alle. (Thüringische Landschaften.)

Für die weiteren Fahrten bedarf es schon sehr starker Ausnutzung der Zeit, um sie in einem Tage mit den anschliessenden Nachtzügen zu vollenden. Es empfiehlt sich daher, die Zeit von zwei bis drei Tagen für die Fahrten nach der Tilsiter Niederung, nach Labiau mit den anschliessenden Haffpartien, mit einer noch wenig berührten, seltsamen Bevölkerung und Kultur, nach Ragnit, Obereisseln, nach der Romintener Heide (Darkehmen, Schloss Beynuhnen mit seinen grossartigen Kunstsammlungen, Osnagoraer Schweiz, Goldap), nach Rastenburg, der Heiligen Linde und Rössel, nach der Rothebuder Forst, den leider wegen ihrer Entfernung fast noch unbekannten Gegenden des Oberlandes mit seinen Seenplatten und Kanälen von Hohenstein, Osterode bis Elbing sowie nach Masuren zu verwenden. Seine Seenplatte bildet eine zusammenhängende Kette von Angerburg bis Johannisburg. Am Mauersee im alten Park das Schloss Steinort. Insel Upalten. Auf der Südtour besonders lohnend Fahrt von Nikolaiken nach Rudczanny und die Umfahrt auf dem Niedersee; Rudczanny selbst, mitten in der Johannisburger Forst gelegen, ist als Sommerfrische geschätzt. Logierhaus. Von hier nach dem Krutinnefluss. Rundreisekarten zum Besuche des Mauer- sowie des Löwentin- und Niedersees. Näheres die ostpreussischen Eisenbahnfahrpläne.[1])

## XII. Zur Literatur.

Armstedt, Geschichte der Königl. Haupt- und Residenzstadt Königsberg. Stuttgart. 1899.

Bötticher, Bau- und Kunstdenkmäler Ostpreussens. Band VII. Königsberg.

Faber, Die Haupt- und Residenzstadt Königsberg. 1840.

Flögel, Chronik der Stadt Königsberg. Königsberg 1885.

Gordack, Königsbergs Aussehen vor fünfzig Jahren. Königsberg 1887.

Armstedt & Fischer, Heimatkunde von Königsberg. Königsberg 1896.

Rosenkranz, Königsberger Skizzen. Danzig 1842.

Prutz, Geschichte der Albertus-Universität im 19. Jahrhundert. Königsberg 1894.

---

1) Die in Lötzen bestehende Gesellschaft zur Förderung des Personenverkehrs auf den masurischen Seen gewährt ihren Mitgliedern mancherlei Vorteile, so erheblich billigere Dampferfahrt durch Ausgabe von Fahrscheinheften. Die Masurische Dampferkompagnie in Lötzen und auch das Bureau des „Vereins zur Hebung des Fremdenverkehrs in Ostpreussen“ Münzstrasse 11 hierselbst, verabfolgt kostenfreie Reisepläne zum Besuch der masurischen Seen. Führer durch die masurischen Seen: Schmidt, Von Masurens Seen (Wien, Hartlebens Verlag) 50 Pf.; Hensel, Führer durch Masuren. 1909.

Stettiner, Aus der Geschichte der Albertus-Universität (1544—1894). Königsberg 1894.

Ambrassat, Die Provinz Ostpreussen. Königsberg 1896.

Lohmeyer, Geschichte Ost- und Westpreussens. I. Bd. 2. Auflage. Gotha 1908.

Krollmann, Ostpreussische Burgen. Berlin, Franz Ebhardt & Co. 1910.

Hahn, Rechts und links der Eisenbahn! Berlin—Danzig —Königsberg—(Memel)—Eydtkuhnen. Gotha, Justus Perthes.

Ostpreussen. Herausgegeben vom „Verein zur Hebung des Fremdenverkehrs.“ Königsberg 1906.

Passarge, Aus baltischen Landen. Glogau 1878.

Hecht, Aus der deutschen Ostmark. Gumbinnen 1897. Sterzels Buchhandlung.

Zweck, Litauen, Samland, Masuren. Stuttgart 1898.

Pharusplan der Königl. Haupt- und Residenzstadt Königsberg i. Pr. Königsberg, Hartungsche Verlagsdruckerei.

Hensel, Samland. Königsberg 1909.

Lack, Masurens Seen mit Pharuskarte. 35 Pf. 1910.

Zühlke, Führer durch das nordwestliche Samland. Nebst Karte. Königsberg 1906.

Lentschat und Loch, Wanderkarte durch das nordwestliche Samland. Königsberg.

Karte der Kurischen Nehrung. Königsberg. H. Schwarz.

Seit 1904 erscheint in E. Wernichs Verlag in Elbing der „Wanderer durch Ost- und Westpreussen“ als Organ des Vereins zur Hebung des Fremdenverkehrs in Ostpreussen und wird den Mitgliedern, welche den jährlichen Mindestbetrag von drei Mark zahlen, umsonst in seinen sieben Nummern zugestellt. Nichtmitglieder zahlen ein Abonnement von drei Mark und beziehen ihn von Elbing. Der Verein ist im Besitz einer sehr umfangreichen Sammlung von Diapositiven zu Lichtbildern, die teils nach Aufnahmen der Königl. Messbildanstalt in Berlin, teils nach vorzüglichen Aufnahmen einheimischer Photographen angefertigt sind und insbesondere Partien der Kurischen Nehrung, Masurens, sowie Ansichten altpreussischer Ordensburgen und Königsberger Ansichten darstellen. Dieselben werden zu Vorträgen leihweise hergegeben.

## XIII. Öffentliche Gebäude, Denkmäler usw.

**A**natomie D E 5
Artushof E 6
**B**ahnhöfe:
- Cranzer E 4
- Kleinbahnhof G 5
- Lizent- oder Pillauer D 6
- Mittelhuf. (Lab. Bahn) C 3
- Ostbahnhof D 6
- Ponarth B 9
- Pregelbahnhof A 6
- Samlandbahnhof E 4
- Südbahnhof D 7
- Tragh. Palve (Lab. Bahn) E 3
- Vorderhufen (Lab. Bahn) D 3

Baugewerkschule E 5
Börse E 6
Börsengarten F 5
Botanischer Garten D 5
Brücken:
- Eisenbahnbrücke D 6
- Grüne Brücke E 6
- Hohe Brücke F 7
- Holzbrücke F 6
- Honigbrücke F 6
- Kaiserbrücke F 6 7
- Köttelbrücke E 6
- Krämerbrücke E 6
- Schlossteichbrücke E F 5
- Schmiedebrücke E 6

Bürger-Ressource E 5
**D**enkmäler:
- Bessel D 5
- Borowski D E 5
- Herzog Albrecht E 5
- König Friedrich I. E 6
- König Frdr. Wilhelm III. E 5
- Königin Luise im Park Luisenwahl C 4
- Kaiser Wilhelm I. E 6
- Fürst Bismarck E 6
- Krieger-Denkmal D 5
- Burow (Arzt) F 5
- Jacobson (Augenarzt) E 5
- Immanuel Kant E 5
- Lutherstein E 6
- v. Schön F 5

Deutsche Ressource F 5
**E**isenbahn-Dir. Kgl. E 7
Elektrizitätswerk F 6
**F**ort Friedrichsburg D 6
Freilichtmuseum D 4
**G**arnison-Lazaret, Kgl. G 5
Gasanstalt, Neue, am Holsteiner Damm C 6
Generalkommando, Kgl. F 5
St. Georgs-Hospital E 7
Gerichtsgebäude E 5
Gymnasien und andere höh. Lehranstalten:
- Altstädt. Gymnasium E 6
- Friedr.-Kollegium F 5
- Kneiph. Gymnasium E 6
- Wilh.-Gymnasium F 5
- Städt. Realgymnasium F 6
- Kgl. Reformgymnas. C D 3 4
- Kgl. Oberrealschule auf der Burg F 5
- Löben. Oberrealschule F 5
- Neues Lustspielhaus F 5
- Steind. Realschule E 4
- Vorstädtische Realschule E 7
- Städt. Höh. Töchterschule (König. Luise-Schule) F 5

**H**auptpostamt E 5
Hauptsteueramt D 6

# XIV.

## Strassen-Verzeichnis der Stadt Königsberg i. Pr.

### A.

Adalbertstrasse (Amalienau) B 4 5 C 5
Admiralstrasse (Amalienau) B 5
Albertstrasse D 5
Albrechtstrasse (Mittelhufen) C 4
Alexanderstrasse E 4
Alkstrasse A 5
Alte Gasse D E 5
Alte Pillauer Landstrasse (Amalienau) B C D 5
Alter Garten D E 7
Alter Graben D 5 6
Altrossgärter Kirchenstrasse F 5
Altrossgärter Predigerstrasse F 4 5
Altstädtische Bauhofsgasse E 6
Altstädtische Bergstrasse E 6
Altstädtische Hofgasse E 6
Altstädtische Holzwiesenstrasse F G 6
Altstädtische Langgasse E 6
Altstädtischer Markt E 6
Altstädtische Pauperhausstrasse E 5
Altstädt. Pulvergasse E 6
Altstädtische Schulstrasse E 6
Altstädtische Tränkgasse E 6
Am Rhesianum F 5
Am Schloss E 5
Am Hufeisen (Amalienau) B 5
Am Stadtgarten E 3 2 F 1 2
Arndtstrasse (Amalienau) A B 5
Arnoldstrasse F 5
Arresthausplatz F 6
Artilleriestrasse E F 7
Aschmann-Allee F 1 2
Auerswaldstrasse (Maraunenhof) F G 2
Augustastrasse G 5
Ausfalltorstrasse D 5 6
Aweider Allee (Rosenau) F 8 9 10

### B.

Bachstrasse (Vorder- u. Mittelhufen) D 3
Baderstrasse E 6
Bahnhofsplatz D 6
Bahnhofstrasse D E 6
Bahnhofswallstrasse D 6 7
Bahnstrasse (Mittelh.) C 2 3 4
Balgastrasse A 5
Bärenstrasse F 6
Bartensteinerstrasse G 8
Batockistrasse (Kalthof) G H 4
Bauernhofgasse E 5
Beekstrasse (Mittelh.) C 3 8 3 4
Beethovenstrasse (Vorder- u. Mittelhufen) C 3 8 3 4
Bergplatz F 5
Berliner Strasse (Ponarth) A 9 B 8 C 8 7 D 7
Besselplatz D 5

## C.



## D.



## E.



## F.

**J.**



**K.**



**L.**

## M.



## N.



## O.

## P.

Palvenstrasse (Ponarth) C 10
Paradeplatz E 5
Parkstrasse D 5
Park Friedrichsruh (Ponarth) C 9
Passage, Rossgärter, F 5
Passage, Tragheimer, E 5
Passargestrasse (Ratshof) A 5
Paulstrasse E F 5
Pauperhausplatz E 6
Pestalozzistr. (Ponarth) C 9
Philosophendamm D 6
Philosophendammstr. D 7
Pillauer Landstrasse (s. alte)
Pillauerstrasse D 5 6
Pionierstr. (Kalthof) H 4
Plantage F 6
Polnische Strasse E 6
Ponarther Bergstr., (Ponarth) C 9
Ponarther Hofstr. (Ponarth) D 9
Ponarther Str. (Ponarth) D 8 9
Poststrasse E 5
Prappelnerstrasse (Ponarth) B 9 10
Pregelstrasse E 6
Prinzenstrasse F 5
Prinzessinstrasse E 5
Pulversteig C 6
Prinzhauseneck G 6

## R.

Radziwillstr. (Kalthof) H 4
Regentenstrasse (Amalienau) B 4
Reifschlägerstrasse E 6
Rennparkallee (Kalthof) G 3 4 H 4
Residenzstrasse (Amalienau) B 4
Rhesastrasse F 4 5
Richardstrasse (Mittelh.) C 3
Richterstrasse (Kalthof) A 5
Rippenstrasse F 5
Ritterstr. (Amalienau) B 4 5
Robertstrasse (Mittelhufen) C 3
Roonstrasse D 7
Rosenauerstrasse (Rosenau) F G 8
Rosenkranzallee (Maraunenhof) F 2 G 2 3
Rosenstrasse E 5
Rossgärter Hinterstrasse F 5
Rossgärter Markt F 5
Rossgärter Neue Gasse F 4
1. Rundteil E 7
2. Rundteil E 7

## S.

Sackheimer Gartenstrasse G 6
Sackh. Hinterstrasse F G 6
Sackh. Kirchenstrasse F 6
Sackh. Mittelstrasse F G 6
Sackh. Neue Gasse F 6
Sackh. Tränkgasse F 6
Sackh. rechte Strasse F G 6
Samitter Chaussee E 1 2 3 4
Sattlergasse E 6
Sattlerplatz E 6
Schafgasse F 7
Schanzengasse E 6
Scharnhorststr. (Amalienau) B 4
Schillerstrasse (Mittelhufen) C 4
Scheffnerstrasse F 6
Schifferdeckerstr. (Ponarth) C 9 10
Schleiermacherstr. (Mittelhufen) B C 2
Schleusenstrasse D E 6 7
Schlossberg E 6
Schlossplatz E 6
Schlossstrasse E 5
Schmiedestrasse E 6

**T.**



**U.**



**V.**



**W.**

## Y.



## Z.

# XV.

# Alphabetisches Register.

## Erstes u. grösstes Geschäft am Platze.

Meine Fabrikate wurden mehrfach mit ersten Preisen prämiiert.
Inhaber d. gold. Ehren-Medaille.

# Präzisions- Damen- und Herren-Uhren

## Glashütter, Genfer

[4

und andere **nur beste Fabrikate** in jeder Ausführung.

## Haus-Uhren, Regulateure, Hänge- u. Stand-Uhren

mit **prima Werken,** für jedes Meublement passend.
Sämtl. Werke sind sauber abgezogen und gut reguliert.

## Musikwerke

**elektrische Pianos, Orchestrions, Musikautomaten etc.**

für den Familiengebrauch, Restaurateure und Hoteliers.

## Gold- und Silberwaren,

**Ketten, Ringe, Armbänder, Broschen, Knöpfe etc.**

bei **einzig grosser Auswahl** zu **äussersten Preisen** empfiehlt

# Eduard Schubert,

**Fabrik und Handlung Steindamm Nr. 88/90.**

Ausgabe grüner Rabattmarken oder Prozente in bar.

**Gold, Silber und Edelsteine nehme in Zahlung.**

**Gegründet 1880** Weitgehendste Garantie. **Fernsprecher 3302.**

# Königsberger Immobilien- und Baugesellschaft Königsberg i. Pr.

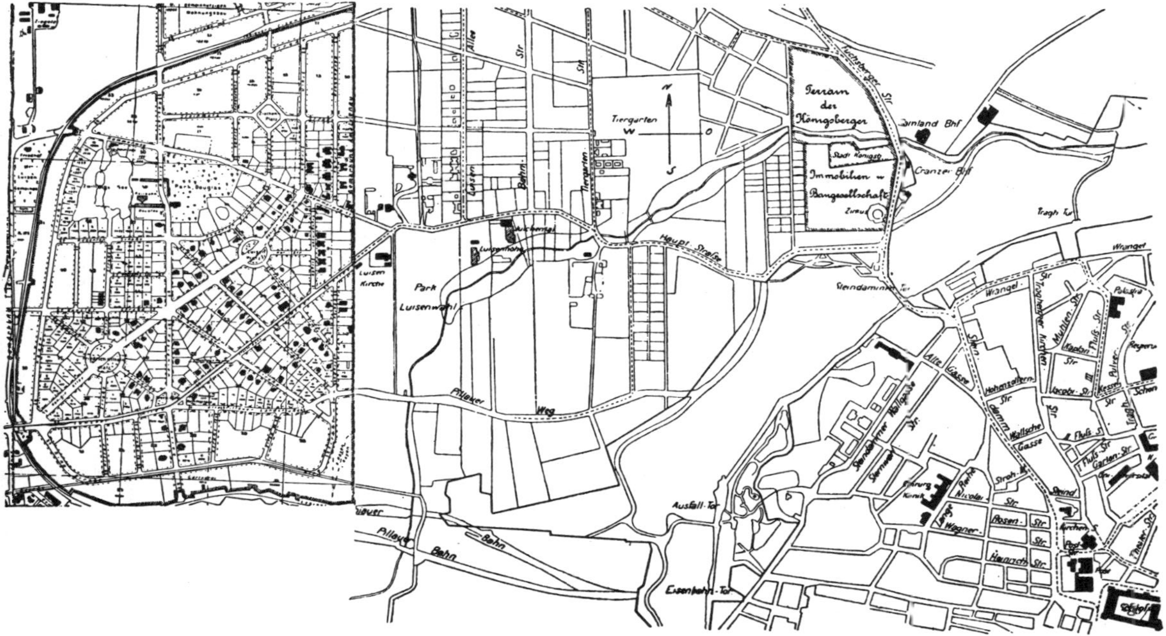

# Königsberger Terrain-Aktien-Gesellschaft Oberteich-Maraunenhof.

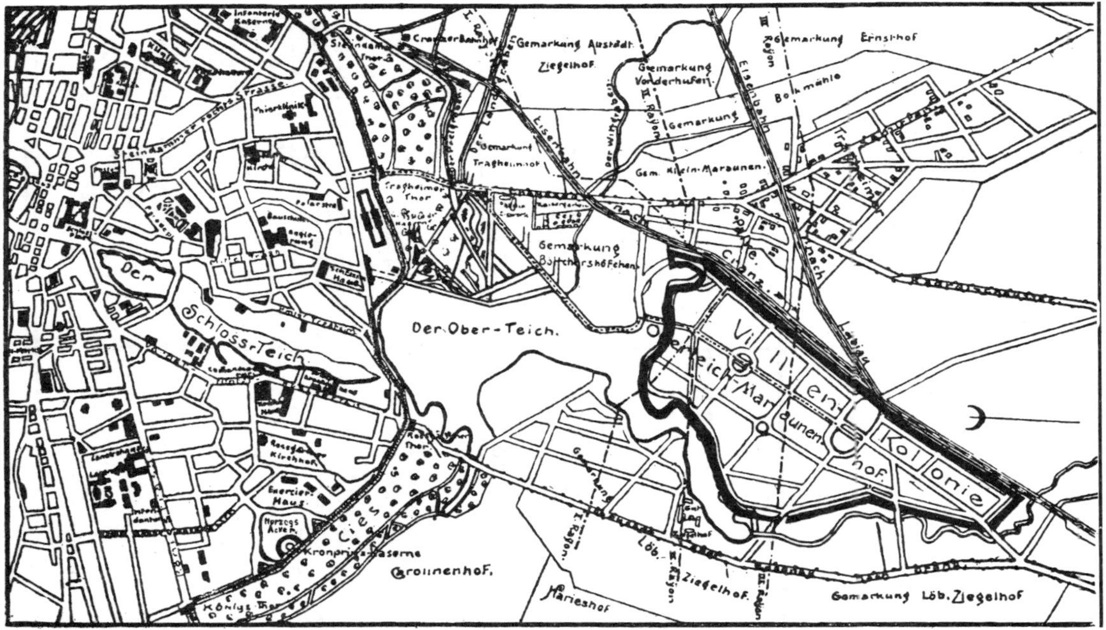

# Zöpfe

sowie sämtl. moderne Frisuren, Unterlagen ꝛc. in jeder Preislage.
Versand nach Haarproben umgehend und diskret.
Nichtzusagendes wird eingetauscht.

**Gustav Terkowski,** [38

**Königsberg i. Pr. – Kohlmarkt Nr. 1. – Königsberg i. Pr.**
**Haarhandlung und eigene Fabrikation.**
en gros. Gegründet 1897. en détail.

---

# Chambre garnie „du Nord“

**Steindamm 117/118,** Kreuzungsp. sämtl. elektrisch. Straßenb., in nächster Nähe d. Hauptpost, Kliniken u. des Stadttheaters.
Tel. 1788. · · · · · Elektr. Licht. · · · · · Bad im Hause.

---

**Die Mineralwasser- und Dampf-Mostrich-Fabrik**
Begründet 1861. von Telephon Nr. 106.

# Dr. Paul Zechlin,

Königsberg i. Pr., Steindamm 10B
empfiehlt

**Selterser-, Soda- u. Tafelwasser**

sowie

„Brause-Limonaden“ und „Apfel-Sprudel“
in anerkannt guter Qualität.

Ferner: **Kurbrunnen** und **diätetische Wässer,** nach Analysen des Vereins Deutscher Mineralwasser-Fabrikanten hergestellt. [30

Sämtl. Fabrikate werden nur mit destilliertem Wasser bereitet.

# Königsberger Tiergarten.

Erste Sehenswürdigkeit der Stadt und Provinz. Hervorragend schöne gärtnerische Anlagen. Leuchtfontäne.

Selten schöner, reichhaltiger Tierbestand. Aquarium. Naturwissenschaftliche Sammlungen u. Bibliothek. Lesezimmer.

## Täglich Konzerte

**von hervorragenden hiesigen und ausländischen Kapellen unter Direktion hervorragender Künstler.**

13]

Grosse Ausstellungs- und Konzertsäle. Vorzügliche Restaurants und Konditoreien. Kurhaus (Molkereiprodukte und Mineralbrunnen), Reit- und Fahrtiere. Rollschuhbahn. Vorzüglich angelegte Turn- und Tennisplätze.

**Fernsprecher Nr. 643.**

**Salonwagen der Königsberg-Cranzer Eisenbahn,** verkehren zwischen **Königsberg** und dem **Ostseebad Cranz.**

# Königsberg - Memel  und zurück.

Ausser Sonntag **tägliche** Verbindung durch **Dampfer „Cranz“** vom 1. Mai bis 30. September. Vom 12. Mai bis 31. August c. **täglicher Verkehr** nach den **Seebädern** der **Kurischen Nehrung** durch **Dampfer „Memel“.**

## Fahrplan 1910.

| D. Memel. | D Cranz. | | ↓ | | ↑ | | D. Cranz | D. Memel. |
|---|---|---|---|---|---|---|---|---|
| $6^{49}$ | $10^{30}$ | Eisenbahn | ab | Königsberg (Cranzer Bhf.) | an | Eisenbahn | $1^{05}$ | $9^{50}$ |
| $7^{42}$ | $11^{30}$ | | „ | Cranz | „ | | $12^{00}$ | $9^{10}$ |
| $7^{47}$ | $11^{35}$ | | an | Cranzbeek | ab | | $11^{52}$ | $8^{40}$ |
| $8^{00}$ | $12^{00}$ | Dampfschiff | ab | „ | an | Dampfschiff | $11^{45}$ | $8^{30}$ |
| $10^{00}$ | $2^{00}$* | | an | Rossitten | „ | | $9^{45}$* | $6^{30}$ |
| $11^{20}$ | $3^{00}$* | | „ | Nidden | „ | | $8^{45}$* | $5^{20}$ |
| $1^{20}$ → | $4^{30}$ | | „ | Schwarzort | „ | | $7^{00}$ | $3^{20}$ |
| | $5^{30}$ | | „ | Memel | ab | | $6^{00}$ | o |

o Täglicher Anschluss ab Memel $1^{50}$ Mittags durch Dampfer **„Schwarzort“.** * Ausbooten durch Postkahn.

**Fahrpreise ab Königsberg**

| | | | | | | |
|---|---|---|---|---|---|---|
| nach | Rossitten | II. Kl. Bahn I. Kajüte | Mk | 4,—, | III. Kl. Bahn II. Kajüte | Mk. 2,60 |
| „ | Nidden | „ | „ | 4,50, | „ | „ 3,— |
| „ | Schwarzort | „ | „ | 5,10, | „ | „ 3,30 |
| „ | Memel | „ | „ | 5,50, | „ | „ 3,50 |

Zwischenstationen laut Tarif. 25 kg Freigepäck. [54

**Tages-Ausflugskarten für Dampfer „Memel“,**

am Lösungstage zur Hin- und Rückfahrt gültig, ab Königsberg und Cranz zum einfachen Fahrpreise ohne Freigepäck. Extrafahrten des Dampfers „Memel“ werden bekannt gegeben.

**Schnellste Güterbeförderung nach allen Stationen.**

**Königsberg-Cranzer Eisenbahn-Gesellschaft.** **Memel-Cranzer Dampfschiffahrts-Gesellschaft.**

**Agentur der Hamburg-Amerika Linie**

**Direkter deutscher Post- und Schnelldampferdienst**

**Passagierbeförderung** von Hamburg nach allen Weltteilen: Nord- und Südamerika, Ost-, Süd- und Südwestafrika, Westindien, Cuba, Mexiko, Zentral-Amerika, China, Japan, amerikanische Eisenbahnen.

**Vergnügungsreisen z. See:** Orientfahrten, Westindienfahrten, Mittelmeerfahrten, Nordlandfahrten. Kieler Woche.

Nähere Auskunft erteilt:
Vertreter der [46
Hamburg-Amerika Linie

## Adolph Funk,

**Königsberg i. Pr.**
**Kneiph. Langgasse 58.**
Telephon 3347.

Schirmfabrik

## Gustav Steffen,

Königsberg i. Pr.,
**Kneiphöfische Langgasse, an der Krämerbrücke.**

Spezialität: [49

**Soliditas-Garantie-Schirme.**

Schirm-Reparaturen und Neubeziehen schnell, gut und billig; auf **eilige** Reparaturen kann gewartet werden.

# Kaiser Friedrich-Café

**Königsberg i. Pr. — Steindamm 67/69**

empfiehlt sich von selbst.